이화다문화총서 교육 2

외국에서의 한국어 교육(Ⅱ)

박창원 편

 박문사

이화다문화총서 교육 II

발간사

20세기 후반기를 거쳐 21세기에 접어들면서 우리 민족과 국가는 세계사에서 새로운 위치를 가지게 되었습니다. 세계에 존재하는 수백의 국가 혹은 수천의 민족 중에서 경제적인 측면이나 언어 사용의 인구수적인 측면에서 우리 민족과 국가는 전체적으로는 세계 10위 내외의 서열에 자리매김하는 도약을 이루고, 그것을 공고히 하는 토대를 구축하였습니다. 더 나아가 몇몇의 분야에서는 세계 최고라는 위치까지 자리매김하게 되었습니다. 그 결과, 인근에 있는 국가에 국적을 두고 있는 많은 사람들의 머리 속에 〈새로운 인생의 구상은 한국의 노동자 생활에서부터〉 혹은 〈새로운 인생의 구상은 한국인과 결혼함으로써〉라는 생각이 자리잡게 되었습니다. 이로 인해 〈Korean Dream〉을 이루려는 많은 나라의 외국 여성들이 한국에 시집을 와서 한국의 가정을 이루거나, 외국 남성들이 한국의 노동자로 와서 하나의 집단 사회를 이루는 상황이 생성되어, 세계에 유례를 찾아 볼 수 없는 〈한국적 다문화 사회〉가 이루어졌습니다.

　이러한 우리의 현재는 과거로부터 물려받은 유산에 바탕을 둔 것이
지만, 과거에 항상 이러한 모습을 가지고 있었던 것은 아니었던 것같
습니다. 지구상의 많은 언어와 민족이 생멸을 하거나, 혹은 분열과 통
일을 반복하면서 축소와 확장을 하게 되는데, 우리 민족 역시 예외가
아니었습니다. 한반도와 만주 일원에 살던 종족이 (고)조선의 등장으
로 단일민족에 의한 언어공동체를 생성한 후, 한 민족 둘 이상의 국가
라는 분열된 양상과 한 민족 한 국가라는 통일된 양상을 되풀이해 왔
습니다. 최초의 분열은 한사군의 설치로 인해 남북 언어의 분열이었을
것입니다. 이 분열은 통일신라에 의해 하나의 언어공동체로 재통일되
었습니다. 하나의 언어공동체로 지내오다가 20세기 중반에 다시 남쪽
과 북쪽으로 분열되는 양상에 처하게 되었습니다. 이러한 분열된 양상
에도 불구하고, 한반도의 남쪽은 20세기 후반을 거치면서 비약적인 발
전을 거듭하여 21세기 초반기에 이르러 세계사의 한 축으로 발돋움하
기에 이르렀습니다. 그 결과 〈Korean Dream〉을 이루려는 많은 외국인
들이 한국에 몰려오는 상황이 생성된 것입니다.

　이러한 새로운 사회의 생성에 능동적으로 대처하기 위해 이화여자
대학교에서는 다문화연구소를 만들게 되었습니다.

　이화여자대학교 다문화연구소는, 동화주의를 넘어서는 문화적 권리
의 상호 평등을 인정하고, 학술연구와 현장실천을 잇는 연구·교육·
정책의 순환적 모델을 구축하고자 합니다. 더 나아가 현재와 미래의
다문화 현상에 대한 연구·정책개발을 위해 다문화와 관련된 DB를
구축하고, 교내외 연구·교육 자원의 네트워크를 통한 다문화 연구·
교육 역량을 극대화하면서 국내외 유관기관과의 교류를 통한 파트너

십을 구축하고자 합니다.

그러하여 우리 연구소는 문화적 역량으로 사회통합을 이끄는 21세기 다문화전문 연구기관이면서, 다문화 시대의 한국 사회·문화 발전을 선도하는 학제간 종합 연구기관이 되고자 합니다. 동시에 다문화사회에서 소통과 공존을 선도하는 다문화 연구·교육 공동체가 될 것입니다.

이러한 일을 효과적으로 수행하고자 이화여자대학교 다문화연구소에서는 ≪다문화연구≫라는 학술지와 ≪이화다문화총서≫를 간행하고자 합니다. ≪이화다문화총서≫는 우선 언어, 사회, 의학, 교육의 네 분야로 나누어 출간됩니다. 한국의 다문화사회를 진단하고, 공존과 조화의 길을 찾기 위해 〈언어〉에서는 언어와 문화의 상관관계, 언어의 보편성과 개별성의 관계, 언어간 비교 대조의 문제 등을 다루게 될 것입니다. 〈사회〉에서는 다문화 사회를 진단하고 사회통합프로그램을 구축할 수 있는 사회적 역량을 구축하고, 이를 제도화할 수 있는 방안을 연구하고 실천할 것입니다. 〈의학〉에서는 이주민의 건강과 관련된 문제 즉 이주민과 원주민의 면역체계, 다문화가정 자녀와 한국인의 면역체계, 다문화가정을 위한 임신출산 등 다문화 가정과 의료 건강 분야에 관한 것이 다루어지게 될 것입니다. 〈교육〉에서는 이중언어사회에서의 언어교육에 관한 문제, 특히 국내의 경우 다문화가정과 그 자녀을 위한 한국어교육의 문제, 국외의 경우 동포들의 자녀에 대한 한국어 교육, 외국인을 대상으로 한 한국어교육 등의 문제가 주로 대상이 될 것입니다.

　우리 연구소에서는 현재보다 더 나은 사회를 구축하는 데 약간의 도움이 되기 위해 이 책을 간행합니다. 현재보다 미래가 좀더 밝은 민족, 현재보다 좀더 강력한 국가가 되고, 그 속에 살고 있는 모든 사람이 다같이 더불어 살아가는 사회가 되기 위한 조금의 밑거름이 되기를 희망하면서 이 책을 간행합니다. 좀더 많은 사람이 이 분야에 애정어린 관심을 기울여 주시기를 기원합니다.

2010년 7월 30일
이화여자대학교 다문화연구소장 박창원

목차

제1부 한국어 교육 현황

제2부 외국의 언어 정책

제1부 : 한국어 교육 현황

미국 초등, 중등, 고등학교에서의 한국어 교육의 현황과 과제

문애리

1. 서론

한국어가 미국 대학 수능시험인 SAT(Scholastic Assessment Test) Subject Test 즉, 외국어 능력평가시험으로써 1995년에 채택된 후, 한국 정부와 미국 동포사회에서는 한국어 교육에 대한 관심이 현저히 많아졌다. 그러나 미국 정규학교 내의 다른 세계어에 비해 초, 중, 고등학교에서의 한국어반 개설은 한국어 실용성에 대한 교육 행정가들의 부정적인 인식과, 미비한 한국 정부의 지원, 그리고 한국어반 개설을 위한 동포단체들의 열악한 여건 등으로 아쉬운 부분이 많은 사업이다.

지난 12년간 미국 초, 중, 고등학교에서의 한국어 교육을 분석, 평가하면서 앞으로 미국 정규학교 내의 한국어 교육의 활성화를 위해 해결해야 할 문제점과 과제에 대해 토론하고자 한다.

2. 미국 초, 중, 고등학교에서의 한국어반 현황
: 1996/7~2008/9

2.1. 한국어반 학교 수, 학급 수, 학생 수의 증가

지난 12년 동안 미국 초, 중, 고등학교에서의 한국어반은 학교 수와 더불어 학급 수와 학생 수가 꾸준한 성장세를 보였다(표 1 참조). 물론 지난 2년 동안은 한국어반 학교 수는 줄었지만 학급 수와 학생 수는 계속 증가했다. 부동산 불경기와 실업률 상승 등의 미국 경제의 불황으로 인해 교육예산이 대폭 삭감된 상황에서 일부 학교들이 한국어반을 폐지하고 대부분의 학교에서는 새로운 과목 신설을 유보하고 있다. 이 같은 상황에서 한국어반을 유지 또는 신설할 수 있는 재정적인 여력이 없는 것은 큰 아쉬움이다.

1996/07학년도 한국어반 초, 중, 고등학교의 학교 수와 학급 수, 그리고 학생 수는 총 23개 학교, 51학급에서 <u>1,405명의 학생이 등록되어</u> 있었다(표1과 표2 참조). 그러나 12년 후인 2008/09학년도에는 59개 학교의 247학급에서 <u>5,743명의 학생들이</u> 한국어를 수강하였다. 비록 이들 학교에서의 한국어반 교육의 규모는 미미하지만, 지난 12년간, 특히 1999년 이후 한국 정부와 동포사회의 재정적 지원이 미비한 상황에서 한국어반 학교 수는 157%, 학급 수는 384%, 그리고 학생 수는 309% 증가했다는 것은 긍정적으로 평가되어야 한다.

[표 1] 미국 초, 중, 고등학교에서의 한국어반 현황: 1996/7-2008/9

년도	학교 수	학급 수	학생 수
96-97	23	51	1,405명
97-98	27	78	1,810명
98-99	31	90	2093명
99-00	30	80	2,004명
00-01	37	101	2,522명
01-02	41	133	3,251명
02-03*	46/(51)	155	3,797명
03-04	49/(54)	154	3,832명
04-05	53/(58)	176	4,392명
05-06	55/(60)	179	4,502명
06-07	64/(69)	241	5,545명
07-08	63(68)	245	5,650명
08-09	59(64)	247	5,743명

* 2002/03 학년부터 버지니아 주에 있는 Fairfax 고등학교 한국어반을 일주일 2-3 일, 2시간씩 수업하는 "ACADEMY PROGRAM"으로 분류함으로써 주변의 다섯 고등학교에서 한국어 수업을 신청하여 짜여진 시간표에 맞춰 학교 버스로 Fairfax 고등학교에 와서 한국어 수업을 수강할 수 있게 되었다.

[표 2] 12년 기간 중 한국어반 학교 증가/하락률 : 96/7 학년도 기준

년도	학교 수	학급 수	학생 수
96-07	23	51	1,405명
08-09	59	247	5,743명
96/7 ~ 08/9 (12년 기간 증가 %)	157% ↑	384% ↑	309% ↑
06/07	64	241	5,545명
96/7 ~ 06/7 (10년 기간 증가 %)	178% ↑	373% ↑	295% ↑
08/09	59	247	5,743명
06/7 ~ 08/9 (2년 기간 증가/하락%)	- 8% ↓	2% ↑	4% ↑

현재 59개 초, 중, 고등학교의 한국어반은 지난 12년간 한국어반이 개설되고 또 폐지된 학교 수의 결과이다. 아래 표3에서 보듯이 <u>12년 동안 총 97개 학교(54개 고등학교, 24개 중학교, 19개 초등학교)에 한</u>

국어반이 개설되었다. 즉, 같은 기간 동안 한국어반을 폐지한 학교가 없었다면, 현재 97개 학교에서 한국어 교육이 이루어지고 있었을 것이다. 그러나 같은 기간 동안 한국어반이 없어진 학교 수는 개설된 학교 수의 39%인 38학교나 된다(15개 고등학교, 17개 중학교, 6개 초등학교).

특히, 한국어를 선택과목으로 배우는 중학교 내 한국어반은 고등학교의 필수과목인 외국어로서의 한국어반과, 전국 약 10개 초등학교에서 실시하는 이중언어교육(Dual Language – 한국어와 영어)에 비해 쉽게 폐지될 수 있는 것으로 조사됐다. 결론적으로 한국어반 개설과 동시에 기존의 한국어반을 유지하고 확장하기 위해서는 지속적으로 학교와 연락하며 한국어반 지원(교재/보조교재 및 자료 구입 지원, 교사 연수, 멘토링, 학교 내 한국문화행사 및 한인타운 견학 지원 등)을 통해 문제발생 시 대처하는 노력이 필요하다.

[표 3] 12년 기간 중 한국어반이 신설 / 폐지 된 학교 수와 학교 유형

96/7 ~ 08/9	고등학교	중학교	초등학교	종합
신설된 학교(A)	54	24	19	97
폐지된 학교 (%=B/A)	15 (28%)	17 (71%)	6 (32%)	38 (39%)
NET (A-B)	39/44	7	13	59/64

2.2. 한국어반 비한인계 학생 비율: 1996/97-2008/09학년도

1990년대는 한인계 학생을 대상으로 개설된 한국어반이 거의 대부분이었으나 2000년대는 점차 많은 학교에 외국어로서의 한국어반이 자리매김했다는 긍정적인 평가를 할 수 있다. 2000년까지의 한국어반에 등록한 비한인계 학생 수 집계는 없지만, 학교 유형 및 지역에 미뤄

볼 때, 96-98학년도에는 비한인계 학생 수는 20% 에 미치지 못했다고
관측할 수 있다. 2000년부터 집계된 한국어반 한인계/비한인계 학생
수를 비교해 보면, 지난 12년간 비한인계 학생 수가 한인계 학생 수보
다 더 빠르게 증가했다(표4 참조). 초, 중, 고등학교 한국어반 총 학생
수의 비한인계 학생의 비율은 1996학년도의 약 18%에서 2007학년도
에는 39%, 지난 2008학년도에는 37%로 집계 되었다.

[표 4] 한국어반 비한인계 학생 비율 변화: 1996/7 - 2008/9

학년도	학생 수	비한인학생비율
96-97	1,405명	<약18%>
97-98	1,810명	<약20%>
98-99	2093명	<약22%>
99-00	2,004명	<약20%>
00-01	2,522명	26%
01-02	3,251명	28%
02-03*	3,797명	31%
03-04	3,832명	29%
04-05	4,392명	25%
05-06	4,502명	31%
06-07	5,545명	37%
07-08	5,650명	39%
08-09	5,743명	37%

또한, 2008/09학년 기준으로 학교 유형별로 볼 때 비한인계 한국어
반 학생 비율은 중학교가 가장 높은 64%(7개), 그 다음으로 초등학교
37%와 고등학교 32%이다(표 5 참조).

2008/9학년도 총 59개 한국어반 학교 중 한인 학생이 한 명도 없거
나 소수인 학교는 14개이다(워싱턴 주 Tacoma에 위치한 Baker중학교
와 뉴욕의 MS 142중학교, East West School of International Studies 중

고등학교, 5개 초등학교(PS 68, PS 87, PS 111, PS 112, PS 618),
Truman고등학교; 시카고의 Roosevelt고등학교, Von Steuben고등학교;
Maryland주의 Now Hope Academy; New Jersey주의 New Hope School;
California 주의 Marin Avenue Language Magnet학교이다).

[표 5] 한국어반 한인계, 비한인계 학생 비율: 학교 유형별

학교유형	총학생 수	한인계 학생 수(%)	비한인계 학생 수(%)
고등학교(39)	3,848	2,628(68%)	1,220(32%)
중학교(7)	710	257(36%)	453(64%)
초등학교(13)	1,185	742(63%)	443(37%)

상대적으로 한국어반 학생의 80% 이상이 한인계 학생인 학교는 총
19개 학교로 California 주 Los Angeles 근교에 위치한 7개 한국어/영어
Dual Language 프로그램 초등학교 중 3개 학교(Cahuenga, Third Street,
Wilshire Elementary School), 2개 한국어/영어 Dual Language 프로그램
중학교 (Berendo 중학교와 John Burroughs 중학교)와 11개 고등학교,
뉴욕의 3개 고등학교이다. 나머지 26개 학교는 비한인계 학생의 비율
이 20%이상~95%이하 사이의 분포로 되어있다.

2.3. 한국어반 학교, 학급 수, 비한인계 학생의 지역 분포: 2008-09

2008/9학년도 기준으로 미국 초, 중, 고등학교 한국어 교육은 미국
50개 주 중 9개 주에서만 실시되고 있는데 특히, 캘리포니아 주와 뉴
욕 주에 집중되어 있다(표 6 참조). 총 59개 학교 중 58%인 34개 학교,
총 학급 수의 3분의 2와 총 학생 수의 거의 4분의 3이 캘리포니아 주

에 집중되어 있다.

캘리포니아 주 다음으로 뉴욕 주는 13개 학교(22%)로 학급 수와 총 학생 수는 16%와 17%로 집계되었다. 즉, 2개 주를 제외한 나머지 7개 주의 12개의 학교와 11%의 학생 비율은 앞으로 한국어반 개설과 확대 를 위한 정책 및 전략을 고려할 때 한국의 인지도가 높고 한인동포들 이 많이 거주하는 지역과 그렇지 않은 지역을 구분해 한국어반 개설의 목적과 개설 가능성 및 지원의 차별화 등을 검토할 필요가 있다.

[표 6] 한국어반 학교, 학급 수, 비한인계 학생의 지역 분포: 2008-09

지역(주)	학교 수 (%)	학급 수 (%)	총학생 수 (%)	비한인계학생 수(%)
California	34 (58%)	163 (66%)	4,141 (72%)	971 (46%)
New York	13 (22%)	39 (16%)	998 (17%)	645 (30%)
Illinois	3 (5%)	8 (3%)	112 (2%)	98 (5%)
Washington	3 (5%)	8 (3%)	149 (3%)	129 (6%)
New Jersey	2 (3%)	11 (4%)	118 (2%)	111 (5%)
Maryland	1 (2%)	12 (5%)	105 (2%)	105 (5%)
Virginia	1 (2%)	3 (1%)	78 (1.4%)	18 (0.8%)
Connecticut	1 (2%)	2 (1%)	22 (0.4%)	22 (1.0%)
Georgia	1 (2%)	1 (0.4%)	20 (0.4%)	17 (0.8%)
TOTAL	59 (100%)	247 (100%)	5,743 (100%)	2,116 (100%)

3. 미국 정규 학교 한국어반 개설/유지/확장의 문제점과 앞으로의 과제

미국 정규학교 특히, 고등학교 내 세계어로서의 한국어 교육은 위기 에 처해있다. 현재 미국의 악화된 경제 사정과 학교 예산 삭감이라는 이유말고도 한국어반 학교 수의 축소는 한국 정부와 미국 내 비영리민

간단체(예: 한국어진흥재단)의 적극적인 노력 없이는 당분간 계속될
수 있다. 현재 염려되고 있는 문제점은 다음과 같다.

- 2006년부터 실시된 AP(Advanced Placement) 중국어, 일본어, 이태
  리어, 러시아어, 기존의 AP 서반어와 불어, 라틴어와 더불어 독일
  어 등과 비교했을 때 AP로 아직 채택되지 않은 한국어는 상대적
  으로 불이익과 외국어로서의 입지가 좁아지고 있다.
  (참고로 2005년 필자가 AP Korean을 추진하기 위해 College Board
  의 World Language 책임 담당자에게 받은 AP Korean 채택의 요
  구 조건은 거의 불가능한 500개 정규 중고등학교 내 한국어반 개
  설이 포함되어 있다)

- 중국과 중국어의 급부상과 기존의 일본과 일본어반의 인기 지속

- 중국 정부의 파격적인 재정 지원과 미국 교육자의 중국 초청 프
  로그램으로 초, 중, 고등학교에 중국어반 개설 적극 추진

- 학교 재정 문제와 교사 감원 등의 이유로 역사가 짧은 외국어 선
  택과목으로서의 한국어 폐지 가능성 높음

- 미국 학교 교육자와 비한국계 학부모들의 한국과 한국어의 국제
  적 실용성에 대한 낮은 인지도

- 대부분의 한인 부모들은 자녀들이 정규학교에서 서반어를 택하

길 원하고, 한국어는(남가주의 경우) 정규학교 학점으로 인정해
주는 주말 한국학교에서 쉽게 좋은 성적 받기를 원함

- 일부 한인계 학생들은 일본어를 선호하며, 모국어인 한국어에는
관심이 없을 뿐만 아니라, 한국계 미국인이라는 자긍심 결핍으로
한국어 배우기를 회피

- 특히, 외부로부터 재정지원이 없을 경우, 고등학교 내 한국어반
개설은 학부모와 학생들의 적극적인 요구가 절실한 반면, 대부분
의 경우 한인 부모들과 학생들의 관심 저조

- 한국어반 개설/확대 사업을 체계, 전문적이고 집중적으로 전개하
기에는 한국 정부의 미비한 재정 지원과 미국 내 비영리단체의
자원봉사 차원의 활동으로는 불가능하며, 당분간은 학교에 재정
지원 없이는 한국어반 개설도, 폐지를 막을 수도 없는 것으로 예상

마지막으로 현재 미국 정규학교 한국어 교육의 위기를 극복하고 앞
으로의 발전을 위해서는 전문적이고, 체계적이며, 집중인 사업을 전
개해야 한다는 기본 방향과 장/단기적인 정책 및 구체적인 기획과 지
속적인 평가가 필요하다. 그 계획에는 AP Korean의 채택을 위한 추진
사업 방법이 포함되어야하며, 정치적 추진 방법도 계획해야 한다. 한
국과 미국 동포사회는 이러한 전문적인 한국어/문화 교육 사업 재정지
원을 효과 실현 가능성있는 수준으로 올리고, 정규학교 한국어반 개설
과 확장을 위해 봉사하는 실무진은 한인 동포사회와 정규학교와 학교

관련 단체와 교류하며 지속적으로 한국어와 한국어 교육의 필요성과 실용성을 교육하여야 한다. 기존 한국어반 지원과 한국어 교사들의 재교육, 재충전의 기회도 확대되어야 한다. 한국어반의 성패의 반 이상을 한국어반 교사가 결정하기 때문이다.

중국 북경 지역
한국어 교육의 현황과 과제

노금송

1. 서론

20세기 40년대부터 시작된 중국에서의 한국어 교육은 반세기 동안 우여곡절의 길을 걸어오다가 1992년 중한 수교를 거치면서 서광을 맞이하였고 90년대 중반부터는 한국 국력 향상, 한류 열풍, 중국 경제 발전 등에 힘입어 괄목할만한 성과를 이룩하였다. 지금 현재 중국 내의 교육기관의 수와 학습자 규모, 한국어 교육 연구 자료 등 지표에서 중한 수교 이후 16여 년간 한국어 교육이 고속 행진했다는 것을 알 수 있다.

우선 한국어학과 개설 수는 40년대 1개(북경대), 50년대 1개(대외경제무역대), 60년대 1개(낙양외대), 70년대 2개(연변대, 북경제2외대)에서 지금의 58개로 늘어났다. 재학생 수도 60년대의 10여 명에서 1.2만

명이 늘어났으며 교사 수도 10여 명에서 350여 명으로 집계되었다.[1] 여기에 사립대학이나 전문대 및 사설학원의 수강생들까지 다 합할 경우 그 규모는 2.5만 명 이상으로 추정된다. 교육기관의 폭증, 교육자 및 피교육자들 규모의 확대는 한국어 교육이 중국에서 호황의 시대를 맞이하였고 전성기에 도달하였음을 보여주고 있다.

한국어 교육이 중국에서 전성기를 맞이하게 되었다는 다른 하나의 지표로 최근 몇 년간 쏟아져 나오는 교재나 연구물을 들 수 있다. 중국에서 가장 큰 서점인 북경의 도서빌딩에 산더미처럼 배열되어 있는 한국어 교재 코너에서, 해마다 중국과 한국 및 기타 국가에서 개최되는 세미나[2]에서, 각종 학술지에 게재되는 한국어 교육 개인 성과물들에서 그동안 한국어 교육이 중국에서 얼마나 인기를 모았는지 알 수 있다.

이와 같이 한국어 교육이 최근 10여 년간 급성장을 보인 실례를 한국어 교육계 곳곳에서 쉽게 찾을 수 있다. 하지만 사물의 발전 법칙이 그러하듯이 한국어 교육도 그 전성기가 오래갈 것이라고 기대할 수 없다. 따라서 한국어 교육이 당면한 문제가 도대체 무엇이며, 이를 원만

---

1) 김병운(2007:1)의 통계 숫자를 따른 것인데 이는 국립대학의 통계 숫자만 포함한 것이다. 사실 이 숫자는 사립대학과 2008년에 개설된 대학을 포함하지 않은 숫자로 실제 숫자는 이것보다 훨씬 많은 것으로 알고 있다. 중국 국가교육부 '2007년도 고등학교 전공 개설 등록 및 심사 비준 결과에 관한 교육부의 통지(教育部关于公布2007年度高等学校专业设置备案或审批结果的通知, 教高〔2008〕2号)' 통지문에 따르면 2008년에 길림사범대학, 하얼빈이공대학, 하얼빈사범대학 등 8개소에 한국어학과가 신설되었다. 따라서 중국에서의 한국어학과 개설은 아직까지도 계속되고 있음을 알 수 있다.

2) 중국 내에서의 한국어 교육 전국학술대회는 연변과학기술대학에서 1997년부터 1년에 한 번씩 개최되었는데 2004년부터는 여러 가지 원인으로 중단되었다. 중국한국(조선)어학회는 2001년에 발족하여 지금까지 해마다 한 번씩 정기학술대회를 모집하였으며 지금까지 준비단계의 논문집까지 포함하면 모두 6권의 논문을 발간하였다. 그 외 각 지역 범위로 일 년에 최저 한번 정도의 각종 형식의 워크숍이 진행되는 것으로 추정된다.

하게 해결할 수 있는 방법이 무엇인지 국가 정책적 차원에서나 교육 경영적 차원에서 그리고 현장 교육적 차원에서 모든 당사자들이 풀어야 할 과제라고 볼 수 있다. 특히 지금 미국발 금융위기로 전 세계의 경제가 휘청거리는 현실 속에서, 개혁개방 후 줄곧 두 자리 수로 급성장하던 중국 경제도 위기에 직면하고 있다. 이를 극복하기 위한 정부 차원의 구제방안을 모색하는 이 시기에, 한국어 교육 실태를 점검하고 향후 항구적인 발전을 위한 방안을 강구하는 것이 자못 중요하다고 볼 수 있다.

그동안 중국 내 한국어 교육 현황과 과제에 대한 연구는 꾸준히 수행되어 왔다고 볼 수 있다. 중국 지역에서의 논의들로 보면 노금송(1999), 김기일(2000), 박종금(2000), 최희수(2000), 강보유(2002), 하동매(2002), 손정일(2003), 김경선(2005), 신향화(2007), 김병운(2007a), 조항록(2007), 이은숙(2007), 제효봉(2008) 등3)이 있다. 이런 논문들에서는 중국의 한국어 발전 현황을 소개하고 교육 과정, 교재, 교사 자질 등의 문제점을 제기하였으며 발전 방안을 살펴보았다. 특히 주목할 만한 것은 조항록(2007)이 범세계적 한국어 교육 현황과 제도적 측면에서 한국어 발전의 과제를 제시한 것이다.

본고에서는 기존연구들을 기반으로 북경을 중심으로 한국어 교육의 교육과정, 교육자와 피교육자, 교재 및 한국어 연구 상황을 살펴보고 지금 이 시기에 당면한 문제점을 찾아보고 향후 발전 모델을 모색하는 데 그 연구목적을 두었다. 본 연구를 위해 필자는 2008년 11월 13일부터 15일까지 북경 지역 9개 대학의 관련 교육 담당자에게 설문조사 및

---

3) 이외에도 한국과 기타 지역에서 '중국의 한국어 교육 현황과 과제'와 관련된 연구가 있을 것이라고 추정되나 본문에서는 일일이 제시하지 않도록 하겠다.

전화조사를 실시하였다.

2. 한국어 교육 현황

북경지역 한국어 교육 발전 단계를 살피기 전에 일반적으로 중국에서 한국어 교육이 어떤 발전 단계를 거쳐 왔는지에 대해서 살펴볼 필요가 있다. 한국어 교육 발전 단계를 면밀히 검토하는 것은 향후 발전에 필요한 과제를 제시할 수 있기 때문이다.

기존의 연구들을 보면, 중국에서의 한국어 교육 발전 단계를 김경선(2005)에서는 1단계(조선어 교육 시기, 1944-1992년)와 2단계(한국어 교육 시기, 1993-현재)로 시기 구분을 하였고, 김석기(2005)에서는 제1기(준비기, 1946-1971년), 제2기(도약기, 1972-1992년), 제3기(발전기, 1992-1999년), 제4기(성장기, 2000-현재)로 구분하였다. 조항록(2005)에서는 한국어 교육의 실제 변화를 기준으로 1단계(태동과 점진적 발전기, 고대-1970년대 초반), 2단계(도약기, 1970년대 중반-1990년대 초반), 3단계(전환기, 1990년대 중반-현재)로 구분하였고 민현식(2005)에서는 한국 국내외 한국어 교육기관 설립, 교재 개발사 등 교육 내적 기준으로 현대 한국어 교육사를 준비기(1945년-1970년대 말), 발전기(1980년대-1989년), 성장기(1990년대-현재)로 구분하였다.[4] 이와 같이 학자마다 한국어 발전 단계에 대한 시대 구분이 대체적으로 비슷한 양상을 나타내고 있지만 견해 차이를 주목할 필요가 있다. 필자는 북경

---

4) 중국에서의 한국어 교육 발전 단계 구분은 장효단(2007, 11-12)에서 정리한 것이다.

에서의 한국어 교육 발전 단계를 아래와 같이 분류해 본다.

1단계(준비기, 1940년 중반~1992년) : 1992년이 전에 설립된 북경 지역 한
국어학과는 교육 내적 요소인 교사, 교재, 교수방법, 연구 등에 있어서
교육 목표 달성에 결핍성을 드러내고 있을 뿐만 아니라 인재 배양 목적
도 단순히 정부적 차원에서 우호국가인 조선과의 교류를 위해서였다.

2단계(발전기, 1993년~2000년대 초) : 1992년 중한 수교가 이루어진 후 북
경 지역의 대학들에서는 한국 대학과의 교류를 위해 한국어학과 설립의
필요성을 느끼게 되었고 이에 따라 북경제2외대, 북경외대, 북경어언대
등 3개 대학에서 한국어학과를 설립하여 학생 모집을 실시하였고 전국
적으로 무려 19개 대학에 한국어학과가 개설되어 학생을 모집하기 시작
하였다. 경제적인 면으로 볼 때 이 시기 초에는 한국 자본이 점차적으로
중국으로 유치되어 한국어 인재의 필요성이 증대되었으나 한국이 1997
년 금융위기를 맞이하면서 한국어 인재 수요량이 줄어들었다가 2000년
대에 들어서 다시 늘어나기 시작했다. 학술 연구 면에서 볼 때 1997년부
터 연변과학기술대학에서 가장 먼저 한국어 교육 학술대회를 개최하였
고 그 후 전국적으로 통일된 교재 편찬 등 공동 연구의 필요성을 느껴 전
국 규모의 학술대회를 개최하고 있다.

3단계(전성기, 2000년대 초~현재) : 필자는 이 시기를 한국어 교육의 전성
기라고 명명하고 싶다. 중국에서의 한국어 교육은 21세기에 접어들어 교
육기관과 학생 규모, 교육 자료, 학술 연구 등 지표에서 전성기를 맞이하
였다는 것을 알 수 있다. 이 시기 한국어 교육기관의 지위 격상, 다양한
한국어 교육 자료의 확보, 활발한 학술 연구, 활발한 인적 교류, 한국어
인재 수요 급증 등에서 전성기임을 확인할 수 있다.

다음은 북경지역을 중심으로 전성기 단계의 한국어 교육 현황을 교
육기관과 학과과정, 교사와 학생, 교재사용, 학술연구 등으로 나누어
서 살펴보도록 한다.

2.1. 교육기관과 학과과정

북경지역 한국어학과 설립 년도와 학과과정을 정리해 보면 다음과
같다.

[도표 1] 한국어학과 설립년도5)와 학과과정

대학명	학부(대학원) 설립년도	3년제	학부	석사	박사	특성화 과정		
						교환	2+2	기타
북경대	1946(1979)		√	√	√	√		복수전공
경제무역대	1952(1999)		√	√		√	√	동시통역
북경제2외대	1972(2008)		√	√		√		
북경외대	1994(2007)		√	√		√		복수전공
북경어언대	1995(2006)		√	√		√		1+3
중국전매대	2002		√			√		3+1
중앙민족대	2004(2010)		√			√		
북경연합대	2005	√						
북경공업대	2007(2010)		√			√		

* ( ) 대학원 설립년도

위의 도표에서 각 대학 한국어학과는 10여 년간 인재육성과 교육방
안 면에서 괄목할 만한 변화를 가져왔다고 볼 수 있다. 2000년 이전만
보더라도 북경대와 대외경제무역대에서만 석사과정을 모집하였는데
2008년 현재 모두 5개 대학에서 석사과정을 모집하고 있고, 그 외 민
족대와 북경공업대에서도 석사과정 모집 계획이 있어 향후 대부분의
대학에서 석박사생을 모집할 것으로 전망된다. 따라서 한국어 인재 배

---

5) 이은숙(2007:45)의 조사에 의하면 대외경제무역대학은 1952년에 설립되어
   1966-1971년, 1977-1984년까지 학생 모집을 두 번 중단했다가 1985년부터
   학생 모집을 재개하였다. 북경 제2외대는 1972년에 한국어학과가 개설되어
   1기 학생을 모집하고 그 후 학생 모집을 중단했다가 1993년에 재개하였다.

양 능력이 한 차원 높아졌다는 것을 알 수 있다. 특히 북경대는 2007
년부터 박사 과정생을 모집하기 시작하여 지금은 학부와 대학원 교육
체계의 틀이 잡혀 있다. 교육 프로그램에 있어서도 북경연합대를 제외
한 모든 대학들에서 한국 자매대학들과 자매교류 관계로 학생들을 한
국에 파견하고 있고 북경어언대와 대외경제무역대, 중국전매대에서는
한국 대학들과 '2+2', '3+1' 공동 배양 프로그램을 운영하고 있다. 그
밖에 중국교육부 소속 국가유학기금관리위원회(国家留学基金管理委
员委)에서는 해마다 전국의 한국어학과를 대상으로 남북한에 각각 50
명의 국가장학생을 선발해 반년동안 어학연수 유학 프로그램을 운영
하고 있다. 특히 여기서 주목해야 할 부분은 북경대와 북경외대에서는
한국어학과 학습자의 복수전공을 이수할 수 있다는 것인데 단일 전공
인재 배양에서 벗어나 복수 전공 인재 배양의 새로운 모델이라고 할
수 있다. 또 대외경제무역대는 동시통역대학원까지 설립하였는데 이
는 한국어 교육의 시장성을 그대로 반영했다고 할 수 있다. 이와 같이
북경지역의 대학들은 10여 년 전에 비해 한국어 인재 육성 모델이 다
양화되었음을 말해 주며 대학 교육에 획기적 변화가 일어나고 있다는
것을 보여준다.

여기서 또 하나 주목해야 할 부분은 기존의 한국어 교육기관들은
상위 학과의 하위 전공 형식으로 존재했으나, 최근 들어 독립된 하나
의 학과로 격상하게 되었다는 점이다. 이는 10여 년간의 발전을 거치
면서 한국어학과의 지위가 대학 내에서 인증을 받고 있다는 것을 의미
하기도 한다. 이제 한국어학과는 대학 내의 독립학과 단위로 일정한
행정력을 갖고 있고 말할 권리를 갖고 있으므로 한국어 교육의 질적인
발전에 플랫폼을 구축했다고 볼 수 있다.

한국어학과가 그동안 인기를 얻으며 급속도의 성장을 보였지만 이런 급속도 성장의 내면에 안고 있는 문제를 곰곰이 살펴본다면 먼저, 북경지역에 한국어 교육기관이 9개나 필요한가? 특히 앞에서도 지적했듯이 중국 내에서 2008년에만 증설한 한국어학과만 8개나 된다. 전국 각 대학에서 한국어학과는 우후죽순마냥 신설되고 있는데 학과개설의 필요성이나 근거는 아직 충분하지 못하다. 둘째, 신설 한국어학과는 교육 철학과 뚜렷한 교육 목표가 있는가? 만약 이런 문제점들을 고려하지 않고 맹목적으로 한국어학과를 신설했다면 공급이 수요를 초과할 경우, 특히 한국이 IMF 시대를 겪으면서 한국어 교육이 주춤거렸던 경험과 또 2008년 현재 세계적인 경제위기에 봉착한 현 시점을 고려할 때 한국어 교육에 적신호가 켜지지 않을까 하는 우려를 자아낸다.

2.2. 교육자와 학습자

2.2.1. 교육자 현황

북경 지역 한국어 교사 현황을 교사의 구성, 최종학위, 교사 직급 등 세 가지로 나눠서 정리해 보았다. 여기서 한 가지 설명해 둘 것은 북경대의 한국인 교사는 초빙강사로 채용한 것이 아니라 종신교사로 채용했기 때문에 최종학위와 직급 통계에도 한국인 교사를 포함시켰다. 그 외의 한국인 교사들은 중국 대학 내 정원에 영향을 끼치지 않기에 최종학위와 직급 통계에 포함시키지 않았다.

[도표 2] 북경지역 한국어 교사 현황

대학명	교사 구성				최종학위		교사 직급6)			
	중국인			한국인	박사	석사	교수	부교수	강사	조교
	30대 및 이하	40대	50대							
북경대	3	1	4	1+2	6	3	3	3	3	
경제무역대	3	2	3	1	5	3	2	4	1	1
북경제2외대	6	1		2	2	5		3	4	
북경외대	4	1	1	4	2	4	2	1	2	1
북경어언대	4	2		6	2	4	1	2	1	2
중국전매대	2			1	1	1				
중앙민족대	2	2		1	3	1		3		
북경연합대	3			3	1	2			3	
북경공업대	2		1	0	3		1		2	
합계	29	9	9	20	25	23	9	16	19	4
	47									

  북경 지역 한국어 교사는 1999년의 31명7)에서 2008년 11월 현재 47명으로 9년간 50% 이상 늘어났다. 연령을 본다면 30대 및 이하, 40대, 50대가 각각 62%, 19%, 19%를 차지해 40세 이하의 교사가 절대 다수를 차지했다. 40대, 50대 교사 인원이 10년 전과 비교할 때 늘어나기는 했지만 아직도 한국어 교육은 40세 이하의 젊은 교사들 위주로 진행된다는 것을 알 수 있다. 시대적 우여곡절로 말미암아 40대 후반 50대의 중견교사가 부족하지만 이 문제는 5~10년 후면 차차 해결될 것이다. 현직 교사들의 전공을 조사해 본 결과 문학 전공이 절대다수를 차지하고 어학 전공이 그 다음을 차지해 다소 단조로운 특징을 나타냈다.

---

6) 중국 대학에서 강사 직급은 한국의 조교수에 해당하고 조교는 전임강사에 해당된다.
7) 이하 1999년의 통계는 모두 노금송(1999:245)의 통계를 기준으로 한다.

한국인 교사는 보통 한 대학당 1명 내지 2명, 많이는 6명까지, 합계 20명인데 1999년의 7명에 비해 3배 정도 늘어났다는 것을 알 수 있다. 그리고 한국인 교사 채용이 정규 한국어 학과과정인 학부, 석사과정에 모두 투입되었다는 것을 조사로부터 알 수 있었다. 한국인 교사는 보통 한국 자매대학의 파견, 국제교류재단의 파견, 혹은 현지 채용으로 충족된다. 북경지역의 한국인 교사는 보통 박사 학위 소지자 위주이고 원어민 교사로서 분담 역할을 충분히 수행하고 있다.

교사들의 최종학위를 볼 때, 석사 48%, 박사 52%로 10년 전에는 석사학위가 많았으나, 지금은 박사학위 위주로 전환되었다는 것을 알 수 있다. 특히 여기서 주목할 것은 석사 학위 소지자라도 젊은 교사들은 대부분 박사과정을 이수하고 있어 3년 정도 지나면 박사 학위 소지자 70% 이상을 차지하게 될 것이라고 전망된다.

교사들의 직급은 교수, 부교수, 강사의 비율이 9:16:19로 비교적 합리적이다. 통계에서 보듯이 부교수가 16명으로 전체에서 33%를 차지하고 있는데 이 계층의 교사들은 현재 한국어 교육에서나 연구에서 왕성한 혈기를 보여주고 있다. 특히 최근 들어 늘어난 젊은 박사 학위 소지자들은 승진경쟁에 유리하여 전체 한국어 교사들의 직급 향상에 일조하였다.

전반적으로 볼 때 북경 지역 한국어 교사들의 학위, 직급 등의 면에서 상승의 추세를 보이고 있으나 교사 규모가 아직까지 기타 외국어학과에 비해 작다는 문제점이 존재한다. 또한, 교수·부교수 인력 확충, 한국문학이나 어학 전공이 아닌 타전공 출신 교사 선발 등이 필요하다.

2.2.2. 학습자 현황

북경지역 한국어학과 학생 현황은 다음과 같다.

[표 3] 북경지역 대학 재학생 현황

대학명	1학년	2학년	3학년	4학년	석사 과정	박사 과정	합계
북경대	15	14	15	10	21	4	79
경제무역대	18	19	18	19	28		102
북경제2외대	45	48	46	24	3		166
북경외대	24	24	24	24	8		104
북경어언대	46	57	31	29	8		171
중국전매대	16		20				36
중앙민족대	25		25				50
북경연합대	27	28	25				80
북경공업대	9	19					28
합계	744				68	4	816

북경지역 한국어학과 총재학생 수는 1999년에 255명이었으나 9년
이 지난 현재 816명으로 그동안 561명이 증가하였다. 석박사생은 9년
전의 16명에서 72명으로 늘어났고 향후 계속 증가할 것으로 전망된다.
여기서 주목되는 점은 북경외대와 어언대는 2003년까지 격년제로 학
생을 모집하다가 2004년 이후 매년 모집으로 전환하여 2008년 현재는
학생이 온전히 채워지게 되었다(이은숙, 2004:47). 중국 교육부는 1999
년부터 대학 모집 정원8)을 대폭 확대하기 시작하였는데 한국어학과

---

8) 중국 교육부 홈페이지(http://www.moe.edu.cn) 뉴스 '올해 전국 고등 교육 입
   학 정원 대폭 증가(今年全国高等教育招生大幅增加)'(1999년 6월 25일)에
   의하면 1999년의 대학 입학 정원이 44%로 대폭 증가되었고 그 후 대학 모집
   정원이 꾸준히 증가하였으며 2007년부터 대학 입학 정원 규모를 억제하기
   시작하였다.

학생 모집증가도 중국 고등교육 정책의 힘을 입었다고 볼 수 있다.

　학생 모집 규모와 차원이 현저히 향상되어 북경지역에서는 학생들을 대상으로 하는 웅변대회, 변론대회, 체육대회, 석사생 논문 발표회 등 각종 행사가 개최되고 있는데 이는 북경지역 한국어학과 학생 간의 친선을 도모할 뿐만 아니라 한국어 학습 흥취를 유발하고 학습 적극성을 불러일으키는데 긍정적인 역할을 한다고 볼 수 있다.

　그러나 한국어 학과 학생이 늘어났다고 해서 좋은 일만은 아닌 것 같다. 그 첫 번째 이유는 교사에 비하여 학생 수가 늘어남에 따라 이전의 소규모 그룹의 한국어 교육이 대규모 그룹으로 전환되어 학습효과를 거두기가 어려워 졌다는 것이다. 둘째는 북경지역의 한국어학과 졸업생의 취업률을 얼마만큼 보장할 수 있는가 하는 것이다. 1997년 한국 IMF 시기에 북경지역 한국어학과 졸업생 취업률이 저조했던 것을 감안할 때 지금 전 세계적으로 당면한 경제 위기는 2009년도 취업률에 악영향을 끼칠 것으로 예상된다.

2.3. 한국어 교재 사용 현황

　중국 내 한국어 교육이 최근 들어 괄목할만한 성장을 이루었다고 할 때 그 성과물로 바로 교재를 들 수 있다. 손정일(2004:499~513)에서는 중국에서 출판된 130여 종이 되는 한국어 교재를 소개 분류하고 교재 개발 과제에 대해 제시한 적이 있다. 그런데 2008년 현재 출판된 교재 수는 이 숫자를 훨씬 초월하고 있다. 교육현장에 있는 교육자들은 서점을 방문할 때마다 하루가 다르게 쏟아져 나오는 한국어 교재들을 보고 경탄하지 않을 수 없다. 한국어 교육 자료의 다양성과 풍부함은 북경지역 교재 사용 조사에서도 명확히 나타났다. 조사에 의하면 각 대학에서 사용하고 있는 교재는 중국학자들에 의해 편찬된 교재가 주를 이루나 중국에서 출간된 한국 원서를 사용하기도 한다.

각 대학에서는 초급 단계의 통합, 듣기, 회화, 읽기 등은 물론 고급 단계의 문법, 번역, 통역, 문학, 비즈니스, 관광 등의 교재까지도 국내에서 출판된 교재를 사용하고 있다. 10여 년 전의 교육 자료가 확보되지 않아 한국에서 무조건 '가져다 쓰기'에 바빴으나, 지금은 교재 선정의 폭이 넓어져 갈팡질팡 헤매는 모습을 드러내고 있다. 그동안 한국어 교육의 기본 요소 중의 하나인 교재 편찬에 한국어 교육자나 연구자들이 심혈을 기울인 것으로 나타나고 있어 이에 대해 긍정적인 평가를 해야 한다고 생각한다.

그러나 교육용 자료가 기본적으로 확보되었다고 해서 교육 현장에서 100% 만족을 느끼는 것 같지는 않다. 조사에 의하면 초급 단계의 교재는 쉽게 찾을 수 있으나 아직까지 고급 단계에 사용되는 통합 교재라든가, 문화, 작문, 한국개황 등의 교재는 부족함을 나타내고 있고 특히 시청각 교재가 지금까지 출판되지 않아서 시급히 필요하다. 또 지금 초창기에 처한 석사 과정은 교재가 턱없이 부족하다. 또 비슷한 내용으로 출판되는 다양한 교재는 학습자의 기호와 능력에 따라 선택의 폭이 넓어졌다는 점에서 좋은 일이지만 반면에 교재의 통일성과 체계성을 결여하고 있다.

2.4. 한국어 교육 연구

연구와 교육은 불가분의 관계로서 질 높은 한국어 교육을 위해서는 연구 성과물을 잘 활용해야 한다. 중국의 고등교육 전반에 비추어 볼 때도 재직 교사의 승진이 연구 능력 및 연구 업적과 밀접히 관련되어 있으므로 최근 들어 한국어 교사 전원이 연구 활동에 적극 가담하고 있으며, 연구 실적 또한 현저히 향상되었다.

먼저 학회 활동만 보더라도 2001년에 중국 한국어교육연구학회가 발족되어 1년에 한 번씩 전국학술대회가 개최되고 있고 북경지역 대학들에서는 2006년부터 국제교류재단의 지원으로 교수간담회를 개최하고 있다. 그 외에도 북경대, 북경제2외대, 민족대 등의 대학에서 북경지역을 위주로 한국어, 한국 문학 교육 세미나를 개최한 적이 있다. 총체적으로 볼 때 각 대학에서 주최하는 한국어 교육 학술대회, 혹은 교류회가 늘어나고 있는 추세이며 북경지역 대학 연구비가 늘어남에 따라 이런 추세는 계속 지속될 것으로 전망된다. 최근 들어 교육 연구 지원이 늘어나 재직 교사라면 누구라도 소속 대학, 북경시 교육위원회, 교육부 등의 프로젝트에 신청이 가능하게 됨으로써 연구 환경이 전반적으로 업그레이드되었다.

중국 지역의 한국어 교육 연구물은 두 가지로 나누어서 살펴 볼 수 있는데, 하나는 전국 한국어 교육 학술대회의 논문집이고 다른 하나는 정기 간행 학술지9)이다. 먼저 한국어 학술대회의 논문집 발간을 본다면, 연변과학기술대학에서 1997년부터 시작한 중국지역 한국어교육학술대회에서 발간된 논문집이 지금까지 7권, 중국한국어교육연구학회에서 발간된 논문집은 6권으로, 발표된 논문도 330편10)에 달한다. 이

---

9) 중국에서 다른 외국어와 달리 한국어는 아직까지 한국어 전용 학술지가 없다. 물론 '중국 조선어문' 학술 간행물이 있지만 '중국 조선어문'은 조선족을 대상으로 학술지였는데 근년에 한국어 붐이 일면서 한국어 교육 관련 논문을 많이 게재하고 있다.

상의 논문은 주로 한국어로 한국어 문법, 말하기, 듣기, 교과과정, 한국 문화 등을 다룬 것으로 한국어 교육과 밀접히 관련되어 있다. 다음으로 학술지에 게재된 한국어 교육 관련 논문들의 경우, CNKI[11]의 통계에 의하면 2001년 1월 1일부터 2008년 11월 현재까지 모두 118편 (73(한국어)+45(조선어))에 이른다. 1991년 1월 1일부터 2000년 12월 31일까지 모두 68편(22(한국어+46(조선어)이 게재된 것에 비해 2배 가까이 증가했다는 것을 알 수 있다. 물론 여기에 CNKI에 수록되지 않은 '중국조선어문'이나 기타 학술지에 게재된 것이 더 있겠으나 통계를 잡기에는 쉽지 않았다.

한국어 연구가 최근 들어 활발한 것만은 사실이다. 그러나 김병운 (2007a)이 제기한 대로 논문의 수준 향상이 절실하다. 중국에서 한국어 연구는 서방의 언어학 이론이나 한국 최신 이론을 원용하는 데에는 거의 도달하지 못한다. 또 통계 수치에서도 나왔지만 한국어로 발표한 논문이 중국어로 발표한 논문을 능가하므로 다른 외국어학과와 달리 원어로 된 논문 비율은 높아 중국인 독자층이 두텁지 못하여 한국어 연구에 관심을 모으기에는 한계가 있다.

---

10) 김병운(2007b:29)의 통계를 인용한 것임.
11) 중국지망(中国知网, http://www.cnki.net)은 전국에서 발간되는 대부분의 학술지와 전국 우수 석박사 논문을 소장하는 중국 교육부 산하 학술 디지털 도서관이다. 본고는 제목이 '한국어' 혹은 '조선어'로 되어 있는 논문을 검색한 결과를 통계 숫자로 이용했는데 이외에도 제목에 '한국어' 혹은 '조선어'가 들어 있지 않더라도 내용이 한국어 교육과 관련된 것이 있을 것이라고 믿지만 편의상 위의 제목과 관련된 것만 검색해 보았다.

3. 향후 과제

앞 장에서 북경지역을 중심으로 한국어 교육 현황을 살펴보고 존재하는 문제점들에 대해서 지적해 봤다. 그렇다면 현 단계 성장세를 걷고 있는 추세를 어떻게 하면 유지할 수 있을까? 이와 같은 과제는 어느 개인이나 교육기관이 해결할 수 있는 것이 아니라, 중국 국가 교육부서, 한국어 교육기관, 교육자, 전문가, 한국의 관련 기관이나 단체 모두의 유기적인 협동이 필요한 사안이다.

아래에서는 교육기관, 교사 자질, 교재, 학술 연구 등으로 나누어서 한국어 교육의 향후 과제를 모색해 보기로 하겠다.

3.1. 교육기관

교육기관은 한국어 교육의 모든 과정을 관장한다. 특히 중국에서의 한국어 교육기관은 대학 내의 정규 부서로서 학생 모집, 교육 목표, 커리큘럼 작성, 취업 및 교사 채용 등 모든 과정에 참여한다. 하지만 중국에서의 한국어 교육은 지금 중대한 도전에 직면해 있다.

첫째, 한국어 교육의 수요와 공급의 균형이다. 최근 몇 년간 중국의 지속적인 경제 성장, 중한 양국 교역액의 지속적인 증가,[12] 대중 한국 자본의 지속적인 유입,[13] 한류 열풍, 중국인의 한국유학 붐과 같은 요

---

12) 중국해관총서의 통계에 따르면 2007년 중한 양국 간의 교역액은 1,599억불로 한국은 중국의 제3대 무역 대상국으로 부상했으며 한국 관세청의 통계에 따르면 2007년 한중 양국 교역액은 1,450불로 중국은 한국의 제1대 무역 대상국으로 부상했다.
13) 중국상무부의 통계의 따르면 2007년 일년 한국의 대중 투자 실행액은 36.8억

소의 작용으로 한국어 인재 수요량이 급증하고 한국어 교육 수요도 함께 늘어난 것도 사실이다. 이에 대비해 북경 지역에만 하더라도 최근 5년 사이에 4개 대학에 한국어학과가 개설되었고, 중국 전역에 근 60개의 대학에 한국어학과가 개설되었다. 그러나 중국 내 한국어 교육의 수요 기반이 그렇게 튼튼한 것 같지는 않다. 먼저 한류 열풍의 지속에 대해 모두가 동의하지 않으며, 2008년 1월 1일부터 시행된 중국의 새로운 노동법과 근로자의 임금 인상 등으로 야간도주하는 한국 기업[14]이 나타나고 있고, 2008년 말 현재 세계적인 금융위기로 한국의 대중 투자가 축소되고 있다. 이러한 현실 하에서 학교는 내적인 역량을 동원하여 거시적인 안목으로 시장성을 충분히 고려하여 한국어 인재 수요를 예측하고 학과 신설을 억제하는 한편 무분별한 학생 모집을 자제해야 한다고 생각된다. 물론 경제가 어려워지고 한국어 인재 수요가 줄었다고 해서 30년 전과 같이 학생 모집 중단이나 학과 폐쇄 현상은 일어나지 않겠지만 한국어를 담당하는 학교 상호간 협동을 통해 학생 모집을 줄이고 한국어학과의 신설을 자제하면 한국어학과의 건전한 발전을 지향할 수 있을 것이다.

둘째, 한국어학과 커리큘럼의 개선이다. 북경지역 한국어 교육의 환경은 눈부신 발전을 이루어졌지만, 시대적 수요와 교육 목표에 따라 짧게는 3년에서 길게는 5년에 걸쳐 학과 커리큘럼을 수정 보완할 필요가 있다고 생각된다. 김병운(2007a:30)에서는 중국의 한국어 전공자는 간단한 상담 통역은 가능하나 자신의 관점이나 또는 현상을 설득력

달러로 제3위를 차지했지만 2008년 1-2월에는 투자 샐행액이 7억 달러로 제5위로 떨어졌다.

14) 중국 환구시보(环球时报, 2008년 2월 18일), 국제선구도보(国际先驱导报, 2008년 2월 15일), 등 중국 언론에 보도된 적이 있다.

있게 발표하는 데는 어려움이 있다고 보았다. 중국의 기타 외국어 전 공자도 마찬가지겠지만 한국어 전공자의 직업 생애에 있어서 봉착하 게 되는 가장 큰 어려움은 폭넓은 지식 구조를 구비하지 못해 개인 발 전에 불리한 면이 있다는 것이다. 만약 타전공자가 한국어를 열심히 배워 의사소통에 문제가 없게 된다면 한국어 전공자가 갖고 있는 우세 는 상실되어 버리고 만다. 이에 따라 한국어학과는 시대의 수요에 발 맞춰 한국어(주전공)+전공(부전공), 전공(주전공)+한국어(부전공), 2+2 등의 과정을 개설하고 경제, 문화 관련 과목을 추가개설로 개선 할 필요가 있다. 북경지역 일부 대학에서 복합형 인재 양성을 위해 다 양한 프로그램을 운영하고 있지만 그 효과는 어떠할지 지켜봐야 알 수 있을 것이다.

셋째, 교사 선발의 공개성이다. 교사는 한국어 교육의 가장 중요한 요소이다. 훌륭한 교사의 초빙은 한국어 교육의 질을 향상시키고 한국 어 교육을 발전시킬 수 있다. 최근 들어 중국 대학 내 교사 선발이 많 이 공개된 것은 사실이지만 아직도 비공개로 진행되어 투명성이 떨어 지고 학연 위주로 모집되는 경우가 많다. 교사 선발에 있어서 학력, 능 력도 중요하겠지만 그것보다 더 중요한 것은 단체정신과 협동심이라 고 보겠다. 왜냐하면 한국어 교육기관은 어느 한 사람의 힘으로 발전 할 수 있는 것이 아니라 단체 성원들의 합심으로 발전하기 때문이다. 따라서 한국어 교육기관은 더욱 넓은 범위에서 다양한 선발제도를 도 입해 상기 능력을 갖고 있는 유능한 인재를 한국어 교사로 초빙해야 한다고 생각한다. 또 대학 내의 동일 전공자 선발은 좀 자제하고 경제 학이나 문화 전공자 선발을 확대해야 한다고 생각한다.

넷째, 평가제도의 도입이다. 지금까지 중국의 영어, 일본어, 독일어,

불어, 서반아어, 러시아어 등 학과들은 국가 통일 시험을 통해 외국어 능력이 평가되고 있다. 하지만 유감스럽게 한국어 전공자에게는 아직도 통일된 평가제도가 구축되어 있지 않아 학습자의 실력에 대한 평가가 각 대학마다 약간의 차이가 있다. 물론 한국어 능력 평가제도로 TOPIK(한국어능력시험)이 있기는 하지만 한국과 중국은 외국어 능력 평가에 기준 차이가 있고 그것이 한국어 전공자의 실력을 만족스럽게 평가한다고는 볼 수 없다. 따라서 한국어 교육기관들은 의견을 수렴하여 학년별로 적절하고 통일된 평가제도를 마련하는 것이 급선무라고 하겠다.

3.2. 교사 자질

교육의 질은 교사의 질을 능가하지 못한다는 말이 있다. 교사의 자질이 교육의 성패를 가늠한다는 말이다. 이렇듯 교사의 자질은 교육에서 중요한 의미를 지닌다. 북경지역 한국어 교사 중 박사학위 소지자가 늘어난 것은 사실이지만 고학력이라고 해서 반드시 한국어 교육에 유능하다고 볼 수는 없다. 특히 교사의 전공 영역이나 연령층의 불균형도 문제가 된다. 북경지역 한국어학과 교사는 문학 전공자가 어학 전공자에 비해 많고 30대 이하 연령층이 절대 다수를 차지하여 4, 50대 중견 교사가 오히려 부족한 편이다.

중국 대학 당국이나 한국어 교육기관 및 한국 관련 단체 등에서 교사 자질 향상을 위해 많은 힘을 기울이고 있는 것만 사실이다. 지금 대학 내의 교사 학력 향상에 대한 격려제도, 재직 교사에 대한 연구비 지원, 국제교류재단의 연구 펠로십(fellowship), 중국 한국어 교사 여름 방학 연수회 등이 활발하게 진행되고 있어 교사 자질 향상에 큰 몫을 하고 있다. 하지만 교사 개인적 차원에서 아래와 같은 노력이 필요하다.

첫째, 한국어 교사로서 한국어에 대한 어학적 기초가 확고해야 할 뿐만 아니라 언어교육원리와 방법에 대한 이론을 잘 활용할 수 있어야 한다. 한국어 교사는 교육 현장에서는 훌륭한 연기자가 되어서 재치 있는 교수법으로 학생들의 주의를 이끌어 양호한 학습 분위기를 조성할 수 있는 능력을 갖고 있어야 한다. 교사가 한국어 어학 지식을 갖고 있다고 해서 한국어 강의 효과를 보장할 수 없으며, 오직 어학, 문화, 경제, 심리 등 다방면의 능력을 기반으로 한국어 교육에 애착심을 갖고 강의 열정을 보여야 강의의 효과를 보장할 수 있다고 생각한다.

둘째, 대학 교사라면 수업 현장에서 제기되는 학생들의 질문에 지혜롭게 대응할 수 있어야 하며 문제와 관련한 자료를 찾아 체계를 세워야 한다. 한국어 학습 현장에서 학생들의 질문에 궁색한 답변을 늘어놓는다거나 질문을 묵살해서는 안 될 것이다. 질문 사례를 반드시 메모하고 해당 자료를 수집하여 수시로 해결 방안을 검토하여야 한다. 학생들의 오류 사례도 그 원인을 분석하고 오류를 예방하기 위하여 체계화해 두어야 할 것이다.

셋째, 대학 교사는 연구 능력 향상을 위해 노력해야 한다. 연구와 교육은 상호 작용의 관계에 있다. 교육은 연구의 기초가 되고 연구는 교육의 이론적 배경을 제공해 준다. 만약 교육 현장에서 연구 이론을 밑바탕으로 교육을 진행한다면 사반공배(事半功倍)의 효과를 이룰 수 있을 것이다. 중국 대학들의 교육 및 연구 환경이 업그레이드 되고 교사에 대한 연구 실적을 교사 평가 지표의 하나로 되었지만 아직도 연구의 중요성에 대한 인식이 부족하고 연구를 게을리 하는 교사들이 허다하다.

넷째, 교사들의 재충전이 필요하다. 중국어 속담의 '학무지경(学无止境, 배움의 길에는 끝이 없다)'처럼 아무리 유능한 사람이라도 계속해서 배우지 않고는 시대에 뒤떨어져 강의 내용이 학습자의 흥취를 자아내지 못하게 된다. 특히 현재 중국에서는 80년대 출생자들과는 약간 다른 모습을 보이는 90년대 초에 태어난 외동자녀들이 대학에 입학하기 시작하여, 4,50년대는 물론, 30대 교사들과도 쉽게 세대차이를 느끼고 있다. 따라서 학습자들과의 연령 차이가 클수록 교사의 지식의 업그레이드와 인식의 변화가 요구된다.

3.3. 교재

교육의 3대 요소 중 하나인 교재를 떠나서 질 높은 한국어 교육을 지향한다는 것은 불가능한 일이다. 질 높은 교재의 사용은 교사들의 부담을 덜어주고 학습의 방향을 제시해 준다고 볼 수 있다. 최근에 다양한 한국어 교재 특히 초급용 교재가 우후죽순마냥 출판되어 교재 선별에 신경을 곤두세워야 할 지경에 도달했지만 교육 현장에서 100%의 만족을 느끼지 못하고 있다는 점을 감안하면 한국어 교육자는 사용하고 있는 교재에 대해 검토할 필요가 있다. 다양한 교재의 출판은 한국어 교육 붐을 상징하고 있기는 하지만 경제적인 관점에서 볼 때는 중복 투자가 될 것이고 시장경제 속에서 일부 교재는 도태될 것이라고 판단된다. 그 외에 지금까지 교재가 없어서 자료 찾는데 상당한 시간을 할애해야 하는 교과목에 대해서는 교재 편찬에 시급히 서둘러야 할 바라고 생각된다.

교재 개발에 대해 김병운(2007a:32~33)에서는 첫째, 구성이 새로운 교재 개발; 둘째, 다양한 학습자 요구를 충족시키는 교재 개발; 셋째, 체계가 있고 연계성이 있는 교재 개발; 넷째, 교재 내용 기술의 과학성과 합리성; 다섯째, 시청각 교재 개발 등을 지향했다. 인재 시장에서 단순한 한국어 전공자를 요구하던 것으로부터 다양한 전공지식을 구비한 한국어 인재 수요로 전환되고 있는 현 시점에 비추어 경제관련 교재, 예컨대 경제학원리, 무역개론, 과학한국어, 신문방송, 한국개황, 한국문화 등과 같은 관련 교재 개발도 시도해 볼 필요가 있다고 생각한다. 특히 상기 교재 개발은 한국어 교육자가 할 것이 아니라 경제 혹은 문화 등 관련 전문가의 주도 하에 개발이 되어야 한다고 생각된다. 중국에서 출판된 교재 중 가장 큰 문제점이 바로 누구나 쉽게 한국어 교재를 편찬해 낸다는 것이다. 필자는 교육 현장 경험과 일정한 한국어 관련 지식을 갖춘 자만이 이상적인 교재를 개발할 수 있다고 생각한다. 따라서 일부 교재 편찬에 있어서 기존의 교재 개발 방식을 버리고 타 전공 교사와 함께 교재를 공동으로 개발하는 것이 절실히 필요하다고 생각된다.

3.4. 학술 연구

연구는 교육과 불가분의 관계가 있으므로 질 높은 한국어 교육을 위해서 반드시 연구 기반을 갖춰야 한다. 한국어 연구의 활성화를 위해 아래와 같은 도전에 직면해 있다고 볼 수 있다.

첫째, 한국어 교육 연구를 위한 제도적인 기반이 필요하다. 북경지역 대학은 모두 국립대학으로 교사들에 대한 연구비 지원이 최근 들어 대폭 늘어나고 있다. 하지만 한국어학과는 대학 내에서 아직도 규모가 가장 작으며 게다가 교사 수가 타학과에 비해 적은 편이므로 연구비 수혜에 불리하다. 따라서 대학 내에서 약소학과인 한국어학과를 지원하는 제도적 장치가 필요하다. 대학 내의 지원도 필요하겠지만 적당한 상벌제도를 실시해 교사들의 연구 열정을 불러일으켜야 한다. 대부분의 대학기 연구 업적을 교사 승진의 주요한 지표로 취급하고 있지만 아직도 그 실행에 미흡한 면이 있다. 아직도 일부 교사들은 대학 내의 연구 임무를 완성하지 않는가 하면 아예 연구와 등지고 살고 있는 사람도 있다. 따라서 대학 내에서 관리 체제 강화가 필요하고 연구 업적을 평가하는 상벌제도를 조속히 실시해야 한다.

둘째, 학술 연구 교류에 있어서 환경의 개선이다. 한국 내에서의 활발한 한국어 연구, 교육기관 간의 학술 교류와 공동 연구, 중한 공동 연구 프로젝트 운영, 중한 국제학술대회 진행 등은 교사들의 학술 연구에 플랫폼을 제공해 줄 뿐만 아니라 교사들의 연구 능력을 촉진하고 한국어 교육자로서 자신감을 갖게 한다. 여기서 지적하고 싶은 것은 젊은 교사들의 연구 능력을 키우기 위해서는 원로교수들의 사심 없는 배려와 지도가 필요하다는 점이다. 특히 학술대회에서 젊은이의 논문을 두고 혹평만 할 것이 아니라 격려의 말로 연구의욕을 고취해야 할 것이다. 젊은 교사들은 학술대회 참석과 학술지 논문 게재 기회를 통하여 자신의 연구 수준을 가늠하게 되고 더 발전적 연구를 수행하게 될 것이다.

셋째, 한국어 연구의 플랫폼 구축이다. 한국어는 중국에서 소어종(小语种)에 속하는 언어로 역사적 원인에 인해 교육 개시 시점이 다른 기타 언어에 비해 늦어 지금까지 한국어 교육 전용 학술지가 없다. 물론 중국한국어교육연구학회의 학회지 '한국어 교육 연구'가 일년에 한 권씩 출판되고 있지만 출판 주기가 너무 길고 제작비용 등 원인으로 제시간에 출판되지 못하는 것으로 알고 있다. 따라서 중국한국어교육 연구학회, 대학 교육기관, 연구기관 등이 협력해 한국어 교육 전용 학술지를 만들어 중국 내 공식 간행하는 학술지로 출시하는 것이 그 무엇보다도 중요하다고 생각한다.

4. 결론

지금까지 북경지역을 중심으로 한국어교육 제반 환경과 향후 발전 방향을 살펴보았다. 최근 들어 북경을 중심으로 중국 전역에서 한국어 교육이 전성기를 맞이하여 교육자와 학습자, 교재 사용, 연구 실적 등에서 현저한 변화를 가져왔다. 하지만 한국어 교육이 전성기를 맞이하였다고 해서 태평무사한 것은 아닌 것 같다. 한국어 교육 내적으로는 한국어 교사 자질 향상, 이상적인 교재 개발, 교사 연구 능력 향상 등의 과제에 직면해 있고 외부적으로는, 한국어 교육기관에 대한 정책적인 지원부족, 글로벌 경제 위기에 따른 한국어 인재 수요의 급감, 중국 내 한국어 교육기관의 급증 등과 같은 문제에 봉착해 있다. 이에 대비해 본고에서는 교육기관, 교사자질, 교재, 한국어 학술 연구 등 4가지 면에서 향후 발전 방향을 모색하였다.

무엇보다도 한국어 교육이 한층 더 발전하기 위해서는 교육 현장에 몸담고 있는 교육자를 중심으로 중국 교육 관련 부서, 한국어 관련 사업 단체, 및 한국 관련 단체의 공동의 노력이 필요하다. 오직 모두의

노력이 있어야만 한국어 교육의 건전하고 지속적인 발전이 가능하다
고 본다.

참고문헌

강보유(2002), 중국 대학교에서의 한국어 교육과 교수법. 한국어 교육 제13권
　　2호. 국제한국어교육학회.
김경선(2005), 중국에서의 한국어 교육. 한국어 교육연구 제3호. 중국한국어
　　교육연구학회. 민족출판사. pp.525-539
김기일(2000), 중국에서의 한국어 교육 과제. 중국에서의 한국어 교육. 연변과
　　학기술대학, 태학사. pp.31-42.
김병운(2007a), 중국에서의 한국어 교육의 어제와 오늘. 중한수교 15주년 기
　　념 2007년연례학술발표대회. 중국한국어교육연구학회. pp.26-38.
김병운(2007b), 중국 한국어 교육에서 한국인 교수의 역할과 그들에 대한 기
　　대. 재중한국어문화교육교수회 제1회 국제학술대회논문집. pp.1-6.
김석기(2005), 중국의 한국어 교재 사용 실태 및 연구 현황. '황해권 한중 교
　　류의 역사, 현황과 미래' 국제학술회의발표논문집, 중국해양대학교.
노금송(1999), 중국에서의 한국어 교육 현황과 문제의 해결 방안-북경에 있는
　　대학을 중심으로. 국어국문학 제18집. 동아대학교 국어국문학과.
　　pp.243-252.
문영자(2007), 강소성 한국어 교육 현황 및 과제, 재중한국어문화교육교수회
　　제1회 국제학술대회논문집. pp.23-30.
박종금(2000), 중국에 있어서의 한국어 교육이 당면한 과제. 중국에서의 한국
　　어 교육. 연변과학기술대학, 태학사. pp.54-63.
손정일(2003), 중국 대학에서의 한국어 교육 과정. 한국어 교육 제14권 3호.
　　국제한국어교육학회.
신향화(2007), 산동반도 내에서의 한국어 교육 현황과 전망. 한국어 교육연구

제5호. 중국한국어교육연구학회. pp.189-200

이춘희·백련화(2007), 중국 동북 지역 한국어 교육의 현황 및 개선, 재중한
    국어문화교육교수회 제1회 국제학술대회논문집. pp.31-41.

장효단(2007), 중국에서의 한국어 교육 발전 방안 연구-중국 대외한어 정책과
    의 비교를 중심으로.상명대학교대학원 석사논문.

조항록(2005), 국내 한국어 교육의 발달 과정과 특징. 우리말학회 전국학술대
    회발표논문집. 부산대학교

조항록(2007), 전환기 한국어 교육의 현황과 과제: 국내, 국외, 중국. 중한수교
    15주년 기념 2007년연례학술발표대회. 중국한국어교육연구학회.
    pp.1-25

최희수(2005), 중국의 한국어 교육에서 제기되는 과제. 외국어로서의 한국어
    교육. 연세대학교 한국어학당. pp.211-226

하동매(2002), 중국 내 한국어 교육의 발전방향. 중국에서의 한국어 교육 제3
    집. 연변과학기술대학, 태학사. pp.529-536

齐晓峰. 韩国语教育现状, 问题与发展构想. 清华大学教育研究. 2008年2
    期. pp.115-118

일본 교토 지역에서의
한국 동포들에 대한 한국어 교육 현황

김수현

1. 머리말

교토는 일본 관서지방에 속한 지역으로 교토에 거주하는 우리 동포
는 2007년 12월 현재 33,834명(일본 법무성 입국관리국 통계 자료)이
다. 이는 일본에 거주하는 전체 한국·조선 국적자 589,239명 가운데
5.8%의 비율로 수적으로는 적은 편이나 오래 전부터 일본에 거주하여
온 특별영주자[1]가 대부분을 차지한다.

교토에 거주하는 우리 동포는 민족학교와 한글학교 등을 통하여 우
리말과 우리 문화를 전승하고자 노력하여 왔다. 그러나 타국에서 자국
의 언어와 문화를 유지하며 산다는 것은 사회, 경제 여건 등 여러 상황

---

1) 특별영주란 1965년 한일 간 재일한국인의 법적 지위에 관한 협정이 체결되어
   한국과 조선 국적을 지닌 1세와 그 자손인 2세에게 부여한 영주 자격이다.

에서 쉽지 않은 일이다.

현재 재일동포 사회에서는 한국어 모어 화자인 1세의 감소 및 일본인과의 국제결혼 등으로 인해 한국어를 구사할 수 있는 재일동포는 소수에 불과하다.

본고에서는 교토 지역 재일동포의 현황과 이들을 대상으로 하는 한국어 교육의 현황 및 방향에 관해 논의한다.

2. 교토 지역의 재일동포 현황

교토부2)의 인구는 2,632,659명(남자 1,262,853명, 여자 1,369,806명)으로 이 가운데 외국인 등록자는 53,295명(교토부 전체 인구의 약 2%)에 불과하다. 이 가운데 한국·조선 국적자는 33,834명(남성 16,114명, 여성 17,720명)으로 전체 외국인 등록자의 63.5%를 차지한다. 재류자격(재류목적)별로는 특별영주자, 영주자, 유학, 일본인의 배우자, 가족체재(滯在), 정주자(定住者)3), 영주자의 배우자 순이다.([표 1] 참조) 이를 간단히 정리하면 [표 2]와 같다.

본적지별로는 경상남도, 경상북도, 제주도, 전라남도, 부산시, 서울시4)의 순으로 높은 비율을 차지한다.([표 3] 참조) 이처럼 남부 지역

---

2) 京都府는 정령지정도시로 부청소재지가 있는 京都市와 일반시정촌인 14市 및 郡으로 구성된다.
3) 정주외국인이란 출입국관리법에 의해 정주자 비자를 취득한 자 및 법적 재류 자격과는 관계없이 4~5년 이상 일본에 사는 외국인을 말한다.
4) 서울 출신자의 경우는 1980년대 이후 일본에 입국한 사람들(new comer)이 대부분이다.

출신자가 많은 이유는 한일 합방 이후 일본이 강행한 토지조사사업 등으로 생활 기반이 없어진 남부 지역 출신 농민들이 이주노동자로 일본으로 가서 1920~30년대에 그 수가 급격히 증가하게 됨에서 비롯된다. 또한 1923년에는 제주도와 오사카 사이에 항로가 개설되어 제주도 출신자들이 오사카를 비롯한 관서지역으로 많이 유입된 것도 하나의 계기가 된다.

교토에 거주하는 우리 동포는 특별영주자의 비율이 높기는 하나, 일본국적 귀화(국제결혼 및 신규 출생자의 일본국적 취득 포함) 및 고령 동포의 사망 등으로 점차 그 수가 감소하는 추세이다.

[표 1] 교토부 한국·조선 국적 재류자격(재류목적)별 등록자 수

교수	78
종교	22
투자, 경영	3
연구	7
교육	4
기술	21
인문지식, 국제업무	50
기업내 전근	5
흥행	10
기능	4
문화활동	43
단기체재	62
유학	668
취학	89
연수	3
가족체재	250
특정활동	33
영주자	1219
특별영주자	30,509
일본인의 배우자 등	332

영주자의 배우자 등	115
정주자	207
미취득자	62
기타	38
합계	33,834

* 출처 - 일본 법무성 입국관리국 통계 자료(2007)

[표 2] 교토부 재외동포의 거주자격별 분류

거주자격		남자	여자	합계
영주권자		15,221	17,161	32,382
체류자	일반	494	201	695
	유학생	399	358	757
합계		16,114	17,720	33,834

* 출처 - 재외동포재단 정보 자료

[표 3] 교토부 한국·조선 국적 본적지별 등록자 수

서울특별시	1,096
부산직할시	1,230
광주직할시	57
대전직할시	48
경기도	506
강원도	485
충청북도	548
충청남도	693
전라북도	358
전라남도	1,583
경상북도	10,224
경상남도	14,847
제주도	1,783
평양특별시	1
평안남도	22
평안북도	11
자강도	1

황해도	30
황해남도	1
개성지구	1
함경남도	8
함경북도	16
기타	232
不詳	53
합계	33,834

3. 교토 지역의 재일동포 대상 한국어 교육 현황

(1) 재일동포 사회의 한국어 사용 실태

일본에서는 재일동포를 입국 시기에 따라 올드커머(オールドカマー old comer)와 뉴커머(ニューカマー new comer)로 구분한다. 올드커머는 식민지 시기부터 1960년대 초반에 걸쳐 일본에 이주한 사람 및 그 자손, 뉴커머는 1980년대 이후 일본에 이주한 사람들을 말한다.

올드커머의 경우 현재 1,2세는 감소하고 3,4세가 활동하고 있으며 5,6세까지 세대가 증가하고 있다. 이들 가운데 한국어를 구사할 수 있는 재일동포는 생존해 있는 1세와 민족학교 졸업생을 제외하면 소수에 불과하다. 1세들의 한국어를 듣고 자란 2세도 일본의 학교 교육을 받은 사람들이 대부분이기 때문에 한국어를 할 수 있는 사람은 그다지 많지 않다. 결과적으로 3세 이상의 재일동포는 한국어 구사 능력이 거의 없다고 볼 수 있다. 한국어를 할 수 있다고 하더라도 가정과 직장에서 사용하는 경우는 거의 없어 일상 언어로서의 한국어는 1세를 끝으로 소멸된 것으로 파악되며, 한국어의 표기도 한글에서 일본 문자(주로 가타카나)로 이행되는 추세이다.

生越(1983)에서는 일상생활에서 한국어를 자주 사용하는 사람이나 가정은 적으며 특히 일본에서 태어난 사람이나 그 가정에서는 연령과 관계없이 한국어를 거의 사용하지 않는다고 한다. 한국어를 할 수 있다고 하더라도 사용하는 경우는 상대가 본인보다 연상이거나 친한 사람일 경우이다. 또한 동포들과의 모임 등 사교적인 상황일수록 한국어가 사용되며, 사교적이지 않은 상황에서는 한국어가 거의 사용되지 않는다고 한다. 이러한 경향은 특히 일본에서 태어난 사람들에게 현저하게 나타난다고 한다.

生越(2005)에서는 1981~82년 재일동포 대상 한국어의 사용 실태를 조사한 후 그 변화상을 파악하기 위하여 2001년 오사카에 있는 건국 중학·고교 학생들과 보호자를 대상으로 2차 조사를 했다.[5] 조사 결과 일본에서 태어난 성인은 20% 정도가 한국어를 잘 할 수 있다고 답하였고, 조금 할 수 있다고 답한 사람까지 포함해서 전체의 60% 정도가 다소라도 한국어 능력을 가지고 있다고 대답했다. 이를 반대로 해석하면 약 40%의 사람들은 전혀 한국어를 할 수 없다는 것이다. 학생들에 대한 조사 결과도 비슷하나 전혀 못하는 경우는 20%로 성인보다는 한국어 능력이 높게 나타나는데 이는 민족학교에서 한국어를 공부하고 있기 때문으로 해석된다. 학생들의 경우 1차 조사 때보다 한국어 능력이 약간 높게 나타나는데 최근 외국어로서의 한국어 교육의 발전으로 교수법이나 교재 개발이 영향을 미쳤을 것으로 판단된다. 한국어

---

5) 민족학교의 학부모와 학생을 대상으로 한 조사이기 때문에 그 결과를 일반화하기에는 다소 부족하다.

의 사용 정도는 일본에서 태어난 사람들은 전반적으로 한국어를 사용하지 않으며, 한국어를 사용할 경우는 1차 조사와 동일하게 연상, 상사, 친한 사람과 만났을 경우라고 한다. 따라서 기존의 재일동포 사회에서 한국어는 생활어로서의 기능을 잃고 동포라는 아이덴티티를 확인하는 도구 및 일종의 경의 표현 즉 친교어로서의 기능을 하고 있다고 볼 수 있다.

한편 유학생, 주재원, 일본인이나 영주자의 배우자 등 젊은 세대 중심의 뉴커머의 등장으로 기존 재일동포 사회의 언어 상황은 변화를 겪게 된다. 뉴커머의 4분의 1은 서울 출신자로 표준어를 사용하고 있으며 이들은 수적인 면에서나 활동 면에서 점차 일본 사회에 영향을 미치어 새로운 언어적 요소를 제공하게 된다. 이는 결과적으로 일본 사회에 재일동포에 대한 의식의 변화를 일게 하는 수단이 되기도 한다. (김미선 2005:217)

(2) 재일동포 사회의 한국어에 관한 의식

임영철(2005)에서는 해외 동포를 대상으로 한국어 능력의 필요성에 관해 조사하였다. 재외동포가 한국어를 말해야 하는가(한국어 능력을 지녀야 하는가)라는 질문에 재일동포는 50.7%, 재미동포는 84.7%, 재중동포는 93.9%가 그렇다고 답했다고 한다. 재일동포의 수치가 낮은 이유는 일본 사회에서 그들이 겪는 사회적 차별 및 불평등과 관련이 있다고 예상된다. 한국어 전승 의식에 관한 설문의 경우에도 자녀에게 한국어를 배우게 하겠냐는 질문에 재일 동포의 응답률이 가장 적게 나타났다고 한다.

연령층에 있어서는 청년<중년<노년층의 순으로 한국어를 당연히 할 수 있어야 한다고 답했다. 그렇다면 동포 사회의 세대가 바뀌어 갈 수록 한국어에 대한 필요 의식은 점차 희박해질 것이라는 것을 예측하게 된다.

한편 生越(2005)의 한국어에 관한 의식 조사에서는 한국어 능력이 장래에 도움이 된다고 생각한다는 답이 많이 나왔고, 한국에서 태어난 사람이나 일본에서 태어난 사람이나 한국어를 할 수 있는 것이 좋다는 답이 60~70% 정도 나왔다. 반면 한국어를 할 수 없는 것에 대해 어떻게 생각하느냐는 질문에 일본에서 태어난 학생은 20%가 할 수 없어도 어쩔 수 없다는 대답을 했다.

(3) 교토 지역의 한국어 교육 실태

재일동포 사회에서 한국어를 습득할 수 있는 장소로는 민족학교와 민족학급, 민족운동단체, 대학의 한국어학과 및 제2 외국어로서의 한국어 강좌, 각종 문화센터의 한국어 강좌 등이 있다. 민족학교와 민족학급을 제외하고 자발적으로 한국어를 습득할 수 있는 곳은 대학과 문화센터의 한국어 강좌 등이나 현재 이러한 강좌들도 수강생의 절반 이상은 일본인들로 교포 대상의 한국어 교육은 사실상 원활하지 못한 편이다.

본장에서는 교토 지역의 한국어 교육 현황을 정리한다.6)

---

6) 주로 각 기관 관계자와의 면담 및 방문 중심으로 조사하였다.

1) 교토한국교육원

한국교육원은 교육과학기술부 재외동포교육과에서 지원하는 기관으로 한국어의 보급, 한글학교의 교육활동 지원, 한국인 유학생의 상담 및 지도, 외국인 유학생의 유치활동 지원, 해외 교육 정보의 수집 및 보고, 그밖에 해외 교육 활동 지원에 관한 사항을 담당한다.

교토한국교육원은 오사카총영사관 관할로 1963년 4월 설립되어 교토 지역 민족학급의 상황 파악 및 한국어 강좌 개설, 한국어 능력시험 홍보 등 한국어 보급 활동에 주력하고 있다. 또한 민단 동포를 대상으로 장학생을 모집하여 장학금을 전달하고, 장기모국수학의 기회를 제공한다.

교토한국교육원 한국어 강좌의 대부분은 한국에서 파견된 원장에 의해 행해진다.(전체 6강좌 중 5강좌는 원장이 강의하고, 입문반만 다른 강사가 강의함) 성인을 대상으로 하다 보니 오후 수업이 대부분이고 오전 수업은 한 반만 운영하고 있다. 수업 기간은 1년 단위(2009. 5.1.-2010.3.31)이며 총 30회로 구성되고, 수강료는 연간 8,000엔(교재 3,000엔 별도)이다.

교육과정은 입문, 초급, 중급, 상급 및 민단 관계자와 청년회를 대상으로 6반이 편성되어 있고([표 4] 참조), 교재는 「아름다운 한국어」 (2008) 및 자체 제작한 자료를 사용한다. 수강자는 2009년 7월 현재 전체 59명으로 이 가운데 재일 동포는 26명 정도로 파악된다.

[표 4] 교토한국교육원 한국어 강좌

강좌명	장소	시간	등록자수
교육원 한글강좌 입문	교토교육원	18:00-19:30	5(1)
교육원 한글강좌 초급	교토교육원	19:00-20:30	10(2)
교육원 한글강좌 중급	교토교육원	10:00-11:30	14(3)
교육원 한글강좌 상급	교토교육원	18:00-19:30	15(5)
민단본부 한국어 강좌	교토교육원	17:00-18:30	9(9)
교토민단청년회 한글교실 중급	교토교육원	19:30-21:00	6(6)
합계			59(26)

* ( ) 안은 재일동포(한국 국적 또는 귀화자 포함) 등록자수를 의미한다.

교토한국교육원에서 관할하는 교토부의 한국어 교육 현황은 [표 5]
와 같다. 이는 각 지역 민단의 한글학교, 토요한글교실 및 국제교류협
회의 한글 교실 등을 포함하여 교토부 전역에서 행해지고 있는 한국어
교육 현황으로 [표 6]은 이를 간단히 정리한 것이다.

[표 5] 교토부 한국어 교육 현황

주관	강좌명	장소	시간	주별평균 수강자수
가미교(上京)지부	초급	上京지부회관	19:00-20:30	13(6)
나카교(中京)지부	입문	中京지부회관 강사 2명	19:30-21:00	10(?)[7]
	초급		19:30-21:00	10(10)
	중급1		19:00-20:30	7(?)
	중급2		19:00-20:30	12(?)
사교(左京)지부	중급	左京지부회관	19:00-21:00	14(6)
우쿄(右京)지부	초급	右京지부회관 강사 2명	19:00-20:30	9(?)
	중급		19:00-20:30	12(4)

미나미(南)지부	초급	南지부회관	19:00-20:30	32(11)
후시미(伏見)지부	초급	伏見지부회관	19:00-20:30	13(12)
미나미교토(南京都)지부	초급	南京都지부회관 강사 3명	19:30-21:00	17(?)
	중급		19:30-21:00	8(8)
	상급		19:30-21:00	11(?)
교토민단청년회 한글교실	초급	교토민단본부회관 강사 2명	19:30-21:00	6(?)
	중급		19:30-21:00	13(19)
교토민단본부	중급	교토민단본부회관	17:00-18:30	8(8)
교토국제학원 토요한글교실	입문	교토국제학원 강사 3명	13:30-15:00	6(4)
	초급			5(1)
	중급			10(3)
코리안살롱메아리 한글방 (コリアンサロンめ ありハングル塾)	입문	교토국제교류회관 강사 3명	19:00-21:00	35(1)
	초급		19:00-21:00	23(2)
	중급		19:00-21:00	17(2)
남부조요시(城陽市) 국제교류협회	초급	城陽市 국제교류협회	10:00-11:30	20(4)
북부마이즈루(舞鶴)지부	초급	舞鶴지부회관	13:00-14:30	3(9)
	중급		14:40-15:40	8(?)
중부가메오카시(龜岡市) 국제센터한글강좌	입문	龜岡市 국제교류협회	10:30-12:00	10(0)
	초급		19:30-21:00	11(?)
교토한국교회부설 신명한글학교	초, 중, 상, 고(11강좌)	재일대한기독교 교토교회 강사 9명	19:00-21:00	119(64)
교토한국교육원 한글강좌	입문	교토한국교육원 강사 2명	18:00-19:30	5(1)
	초급		19:00-20:30	10(2)
	중급		10:00-11:30	14(3)
	상급		18:00-19:30	15(5)
교토코리언가톨릭센터 한국어교실	초급	교토코리언 (コリアン) 가톨릭센터	14:00-16:00	6(?)
	중급1		10:00-12:00	3(2)
	중급2		19:00-21:00	5(?)
합계(17개소)				520(187)

* ( ) 안은 재일동포(한국 국적 또는 귀화자 포함) 등록자 수를 의미한다.

---

7) 재일동포 등록자 수가 확실하게 파악되지 않는 경우이다.

[표 6] 교토한국교육원 관할 지역 전체 월별 교육활동 현황

지역	강좌수	강사수	주별평균 수강자수
교토부	45	35	520(187)

2) 민족학교

일본 내에 최초로 대규모 민족 교육의 체제가 형성된 것은 해방 직후 조국으로 돌아가기 위한 준비에서 비롯된다. 재일동포 1세들은 식민지 지배 기간 일본학교를 다녀 우리말과 문화를 모르는 자신들의 자녀를 위하여 우리말과 문화를 가르칠 수 있는 조선인 학교를 설립하기 시작한다. 민족학교로 불리던 조선인 학교는 해방 후 1년이 채 지나지 않아 525개 초급학교, 4개 중급학교, 12개의 청년학교가 세워졌다고 한다.(윤건차 1997:269)

그러나 조국의 분단과 정세 불안으로 바로 귀국하지 못하고 있는 가운데 일본의 의무교육체제로 들어가라는 미국 점령군의 일방적 명령에 저항하다가 대부분의 민족 교육 현장이 폐쇄되는 위기를 겪게 된다. 1949년 10월 일본 문부성의 민족학교에 대한 폐쇄령으로 대부분의 민족학교는 문을 닫게 된다. 그러나 이때의 치열한 집단적 저항 결과 오사카 등의 일부 지역에서는 일본학교에 다니는 아이들을 위한 민족학급이라는 방과 후 특별반 교육이 가능하게 된다.(정병호 2002:272)

현재 재일동포 대상의 민족학교는 일본 학교교육법 제1조에 정한 一条校로서 인가받은 동경한국학교, 교토국제학교, 오사카 금강학교, 오사카 건국학교 4개교와 各種學校로서 인정되고 있는 조선학교 120여개교가 있다.

[표 7] 일본 학교교육법에 의한 학교 분류

認可校	一条校	학교교육법 제1조에 정한 학교 소학교, 중학교, 고등학교, 중등교육학교, 대학, 고등전문학교, 맹아학교, 농아학교, 교양학교 및 유치원
	専修學校	학교교육법 제82조 2항에 정한 학교 영어회화학교, 부기, 복식, 디자인, 전자기술 등 각종전문학교
	各鐘學校	학교교육법 제83조에 정한 학교 조선학교, 인터내셔널스쿨
無認可校[8]		學習塾

가) 민단계 민족학교

민단계 민족학교의 경우 일상 언어와 수업에 사용되는 언어는 일본
어이다. 따라서 주 3시간으로 배정되어 있는 한국어 수업으로는 효과
를 거두기 어려워 민단계 민족학교 졸업생들의 한국어 구사능력은 전
반적으로 총련계 민족학교인 조선학교 졸업생에 비해서 낮다. 또한 민
단계 한국학교는 총련계 조선학교에 비해 수적으로도 열세하여 일본
전역에 4개교 밖에 없다.

[표 8] 민단계 민족학교

국가명	학교명	설립연월일	학생 수(학급 수)					전임교원수(파견교원수)			
			계	유	초	중	고	계	유	초등	중등
일본	동경 한국학교	54.04.26	1,094(27)	-	589(15)	251(6)	254(6)	58(4)	-	32	26(4)
	교토 국제학교	47.05.13	155(7)	-	-	51(3)	104(4)	17(1)	-	-	17(1)
	오사카 금강학교	46.04.05	361(16)	14(2)	174(6)	106(3)	67(5)	34(3)	-	12	22(3)

---

8) 뉴커머인 외국인 노동자가 다수 정주해 있는 지역에 일본 공립학교에 적응
못하는 학생들 또는 경제적 이유 등으로 외국인학교에 들어가지 못하는 학생
들이 무인가교에 다니고 있다.

오사카 건국학교	46.03. 01	440(22)	31(4)	167(6)	122(6)	120(6)	43	5	10	28
계(4개교)		2,050(72)	45(6)	930(27)	530(18)	545(21)	152(8)	5	54	93(8)

* 출처 – 재외동포교육과 정보자료(2009)

본장에서는 민단계 민족학교인 교토국제학교를 중심으로 교토 지역의 청소년 대상 한국어 교육 현황을 고찰한다.

교토국제학교의 연혁
1947.5.13	설립. 교토조선중학교
1958.4.4	일본 교토부 인가. 교토한국중학교
1961.5.11	한국 교육과학기술부 인가
1963.4.16	교토한국고등학교
2003.12.12	일본 교토부 인가. 교토국제학교
2004.4.1.	교토국제중고등학교

교토국제학교는 일본 학교교육법 상 一条校 자격을 갖춘 한국계 국제학교이다. 2009년 현재 중 1, 2, 3학년 각 한 반, 고 1학년 두 반, 고 2, 3학년 각 한 반으로 전체 155명의 학생이 재학하고 있다.

한국학교는 교육과학기술부령이 정하는 바에 따라 소재국의 특수성을 고려하여 교육과정 또는 교과내용을 일부 변경하여 편성할 수 있다. 따라서 교토국제학교의 커리큘럼, 교사자격, 교과서(문교부 인정) 등은 일본 정부에서 인정하는 것을 따르고, 정규 교육과정 외에 별도로 1주에 3시간 한국어(필수 과목), 한국 역사 등을 가르친다.

중학교의 경우 국어(일본어), 영어, 수학(2, 3학년)은 능력별로 분반 수업을 실시하고 있으며 한국어는 3반, 영어 회화는 2반으로 나누어 원어민 교사에 의한 수업을 진행한다.

고등학교는 각 학년별로 컴퓨터반과 진학반으로 구분하여 운영한다. 각 학년의 총 단위는 [표 11]과 같다.

[표 9] 2009학년도 중학교 교육과정

구분			1학년	2학년	3학년
한국교과		한국어	3	3	3
	도덕	한국 지리역사		1	
		在日 韓國人史	1		1
사회			4	4	4
수학			4	4	5
이과			3	4	4
음악			1.7	1	1
미술			1.3	1	1
보건체육			3	3	3
기술가정			2	2	1
영어			4	4	5
영어회화			1	1	
국어			4	4	4
HR			1	1	1
합계			33	33	33

* 출처 – 교토국제학원 2009학년도 교육계획 배부 자료

[표 10] 2009학년도 고등학교 교육과정

교과	과목		계
	과목	표준 단위수	컴퓨터반/진학반
국어	국어표현II	2	2/2
	국어종합	4	4/4
	현대문	4	7/6
	고전	4	0/4
	고전강독	2	0/2
	국어연습I		1/1
	국어연습II		2/2
지리역사	세계사A	2	3/3
	일본사B	4	4/4

	재일한국인사		2/2
	한국지력		1/1
공민	현대사회	2	2/2
수학	수학I	3	3/3
	수학II	4	0/4
	수학III	3	0/3
	수학A	2	0/2
	수학B	2	0/2
	수학C	2	0/2
이과	이과종합A	2	2/2
	물리I	3	0/3
	화학I	3	0/3
	생물I	3	3/3
	물리II	3	0/3
	화학II	3	0/3
	생물II	3	0/3
보건체육	보건	8	9/9
	체육	2	2/2
예술	음악I	2	0/2
	미술I	2	2/0
외국어	영어I	3	4/4
	영어II	4	6/4
	Reading(영)	4	0/4
	Writing(영)	4	0/4
	영어연습I		1/1
	영어연습II		2/2
	한국어I		3/3
	한국어II		6/6
가정	가정기초	2	2/2
정보	정보A	2	3/2
	정보연습I		4/1
	정보연습II		4/1
전문체육	스포츠		6/6
종합	종합학습	3-6	6/6
특활	H·R		3/3
합계			93/99-120

[표 11] 고등학교 학년별 총 단위 수

1학년			2학년			3학년		
컴퓨터	진학		컴퓨터	진학		컴퓨터	진학	
	필수	선택		필수	선택		필수	선택
31	33	0-3	31	33	0-10	31	33	0-8

학생은 대략 재일동포(현재 4세) 70~75%, 한국에서 온 학생 15%, 일본 학생 15%로 구성된다. 교토국제학교는 올드커머의 자녀인 4세가 많이 분포하고 있는데 이는 다른 지역과는 다른 교토만의 특징으로 볼 수 있다. 또한 교토국제학교의 야구부와 테니스부는 일본에서도 유명하여 일본인 학생의 지원이 증가하는 추세이다. 이는 일반 학교에 비해 학생 수가 적어 정식 선수가 되기 쉽고, 대학 진학도 가능하기 때문이다.

[표 12] 학생현황

구분	중1	중2	중3	계	고1	고2	고3	계	총계
남	5	4	7	16	34	23	17	74	90
녀	10	11	14	35	9	14	7	30	65
계	15	15	21	51	43	37	24	104	155

[표 13] 출신학교별 학생 수

학교구분	시내	시외	본국(한국)	계
중학교	33	13	5	51
고등학교	52	32	20	104
계	85	45	25	155

한국학교의 교원은 소재국의 특수성을 고려하여 한국학교에 특별히 개설하는 교과목 또는 외국어 교과를 담당하는 교원은 소재국의 교원

자격에 관한 법령에 따라 교원자격을 갖춘 자를 임용할 수 있다. 따라
서 현재 교토국제학교의 교원은 일본인 교사 38%, 한국인 교사 62%
로 구성된다. 한국어를 담당하는 교사는 한국 정부에서 파견된 한국어
교사 1인(2010년부터는 파견 안 함), 한국에서 채용한 한국인 전임 2
명과 시간강사 2명이 있다.

[표 14] 교직원 현황

교장	교감	교사	파견교사	강사	사무원	직원	감독고문 기타	계	남	녀
1	1	15(11)	1	7(4)	3(1)	4(2)	3(1)	35(19)	18(10)	17(9)

* ( ) 안은 한국 이외의 국적

교토국제학교에서 사용하는 교과서는 다음과 같다.

「한국어 1」, 한국교육과정평가원·국제교육진흥원, 대한민국 교육인적
자원부
「아름다운 한국어」, 한국어교육개발연구원, 아름다운 한국어학교
「好きやれんハングル」, 고등학교한국조선어교육 network 西日本ブロッ
ク, 白帝社

한국에서 제작된 교재 가운데 「한국어 1」의 경우는 일본 사회와 맞
지 않은 부분이 많아 최근 발행된 「아름다운 한국어」(2008)를 주교재
로 사용한다고 한다.

교토국제학교는 운영 면에서 여러 가지 문제를 지니고 있다. 일본학
교로 인가를 받아 학력 인정을 받는 대신, 일본의 교육체제 안에 들어
가 있기 때문에 모든 학과목 편성과 내용 면에서 일본 문부성의 통제

를 받게 된다. 따라서 집중적이고 효율적인 민족 교육은 어려워진다. 모든 수업은 일본어로 해야 하고, 민족 과목을 많이 개설할 수도 없다. 따라서 학생들이 한국어를 자유롭게 읽고 쓰고 말할 수 없다는 것이 가장 큰 어려움이다. 교사들도 일본의 교사 자격증을 취득한 사람들이어야 하는 관계로 한국어에 능하고, 민족 교육에 열의가 있는 사람을 모든 전공별로 갖추어 구하기는 어렵다고 한다. 더욱이 한국 정부의 지원을 받는 학교가 된 이후 한국에서 온 외교관이나 상사 직원 및 주재원들의 자녀가 점점 늘어 재일동포 학생들의 정상적인 수업에 지장을 초래하게 된다고 한다. 한국에서 온 학생들은 대부분 학년 도중에 편입하고, 또 비교적 단기간 체류하고 떠나가는 상황이기 때문이다.

경제적 측면에서도 어려운 점이 많은데 우선 민족학교로서 한국 정부가 인정을 하고는 있으나 정부의 지원은 줄고 있는 상황이라 한다.[9] 이는 한국 정부의 지원은 세계 여러 지역으로 확대되고 있으나 재일동포의 입장에서는 지원이 축소된 상황으로 이러한 결과는 최근 국제교육진흥원에서 한국 유학생을 모집한 결과 일본 쪽보다는 중국이나 기타 국가의 출신을 더 많이 선택한 것으로 보아도 알 수 있다고 한다.

학생 유치도 쉽지 않아 사립학교이지만 등록금은 공립학교와 같은 수준으로 받고 있다. 이는 교포들의 경제적 사정이 넉넉하지 않은 상태이기 때문에 학비가 싸야만 학생들이 지원을 할 수 있기 때문이라고 한다. 또한 공립학교는 성적이 좋은 학생이 갈 수 있기 때문에 교포 자녀 중 성적이 좋지 않은 학생에게 교육의 기회를 주기 위해서도 학비 문제를 고려해야 한다고 한다.

---

9) 일본 정부로부터는 연간 8,000만엔, 한국 정부로부터는 4,000만엔 정도의 보조를 받고 있다.

이상과 같은 재정 상황으로 인건비 문제가 점점 심각해져 인건비를 낮춰 학교를 유지하는 상태로 교사의 월급은 기존 학교의 65% 정도이고(이는 조선학교의 경우 더 심한 상태), 교장도 한국어 과목을 가르치고 있다고 한다. 그러다 보니 좋은 교사를 구하기가 힘들어 학교의 질적 문제를 고려해야 할 상태라고 한다.

수업상의 문제로는 중학교 1, 2학년은 한국어를 열심히 배워 한국어를 학습한 지 1년 정도가 되는 중학교 2학년의 경우 15명 가운데 5명 정도는 한국어능력시험 초급에 합격할 수 있게 된다고 한다. 그러나 중학교 3학년이 되면 고교 진학 문제로 한국어에 대한 필요성을 느끼지 못하는 학생이 많아져서 이 과정이 지나 고등학교 1학년이 되면 한국어에 대해 관심이 있는 학생과 그렇지 않은 학생으로 양분된다고 한다. 이는 현실적으로 학습 동기를 끌어내기 어려운 상황으로 대부분의 학생들은 한국어를 배워야 한다는 의식은 있으나 진학이나 생활에 한국어가 필요 없다고 생각하는 경향이 높다고 한다.

이와 같이 민족교육을 유지하기 힘든 상황 속에서도 교토국제학교는 한국어와 관련한 행사를 해마다 개최하고 있다. 또한 매월 1, 3주 토요일 오후에 학부모와 일반인 및 졸업생을 대상으로 입문/초급/중상급의 한국어 강좌를 개설하고 있으며, 한국문화 서클(サークル)을 통해 한국어 능력 초급, 중급자를 대상으로 매주 목요일 오후 한국의 역사, 문화, 풍습 등을 공부하고 있다.

[표 15] 국어과 주요 행사

행사	내용
교내국어암송대회	중학생 암송대회, 고교생 암송대회, 전교생 암송대회
교내국어단어급수시험	전교생 대상 연 2회 실시
한국어능력시험	전교생, 교사
웅변대회	한국어 웅변대회 재일한국인학생 우리말이야기 대회
행사지도	설날, 3·1절, 현충일, 제헌절, 추석, 한글날, 8·15 광복절, 개천절, 차례, 제기차기, 윷놀이 등

나) 총련계 민족학교

총련계 민족학교인 조선학교는 조국으로 돌아가기 위한 목적으로 민족교육을 하여 일본 사회에서의 적응이라는 현실적인 문제에는 관심을 갖지 않았다. 일본에서의 정주라는 것이 조총련계 재일동포들에게도 기정사실이 된 지금 조선학교의 비현실성은 결국 교세의 축소 현상으로 나타나고 있다. 그럼에도 불구하고 조선학교는 그 규모 및 교과과정의 체계와 효과 면에서 아직까지도 민족 교육의 가장 큰 축으로 자리 잡고 있다.(정병호 2002:273)

조선학교는 일본 학교교육법 상 정식인가를 받은 학교가 아닌 각종학교이다. 유치원에서 대학까지 독자적인 커리큘럼으로 일본어를 제외한 모든 수업이 조선어로 진행되고 학교 내에서의 모든 대화를 조선어로 하도록 지도하고 있기 때문에 조선학교의 졸업생과 그 졸업생으로 이루어진 교사들은 상당한 수준의 한국어 실력을 갖추게 된다. 그러나 일조교로서의 인가를 얻지 못한 각종학교이기 때문에 졸업을 해도 학력 인정이 안 되어 대학입학 자격은 각 대학의 개별 심사에 의해서만 가능하다.

국고에 의한 교육조성금 및 기부금 공제를 받지 못해 의무교육 기
간인 초, 중등 과정도 따로 학비를 내야하는 재정 부담의 문제(자치단
체에 의한 교육조성금 및 취학보조금의 경우 받기는 하나 자치단체에
따라 차이가 있다) 및 공산주의 사상 교육 등에 대한 비판으로 해마다
학생 수가 줄어 존속의 문제가 심각한 상황이다.

획일적 국민교육을 강조해 온 일본 사회에서 조선학교와 같은 교육
기관을 전국적으로 설립하고 유지한다는 것은 현실적으로 쉽지 않은
일이다. 이렇듯 어려운 상황 속에서도 조선학교가 유지되는 이유는 일
본의 다른 학교에서 받을 수 없는 민족 교육이 가능하기 때문이다. 또
한 소규모 학교에서 학생 개개인의 특성을 고려한 독자적인 교육 활동
이 가능한 것도 중요한 요인이 된다.

[표 16] 조선학교 초급부 수업시간수 : 6년간 총수업시간수(5,402시간)

	1년	2년	3년	4년	5년	6년
조선어	9	8	7	7	6	6
사회			1	2	2	2
조선역사						2
조선지리					2	
산수	4	5	5	5	5	5
이과			3	3	3	3
일본어	4	4	4	4	4	4
보건체육	2	2	2	2	2	2
음악	2	2	2	2	2	2
도공	2	2	2	2	2	2
주당 수업시간수 총계	23	23	26	27	28	28
수업주수	34	35	35	35	35	35

* 출처 - 민족교육권리사전(2007)
* 토요일 1회 휴일, 3회는 수업이나 과외활동 실시

[표 17] 조선학교 중급부 수업시간수 : 3년간 총수업시간수(3,150시간)

	1년	2년	3년
조선어	5	5	5
조선어문법			1
사회	2	2	2
조선역사		2	2
조선지리	2		
수학	4	4	4
이과	4	4	3
일본어	4	4	4
영어	4	4	4
보건체육	2	2	2
음악	1	1	1
미술	1	1	1
가정	1		
정보		1	1
주당 수업시간수 총계	30	30	30
수업주수	35	35	35

[표 18] 조선학교 고급부 수업시간수 : 3년간 총수업시간수(2,850시간)

	1년	2년		3년(1, 2학기)		3년(3학기)	
		文系	理系	文系	理系	文系	理系
조선어	5	5	4	5	3	3	2
사회	2	2	2	2	2	1	1
조선역사				3	2	2	1
현대조선사	2	2	2	3	2	2	2
세계역사	3						
세계지리	2						
수학	4	2	5	2	5	2	3
이과	3	2		2		2	
물리			3		3		2
화학			2		2		2
생물			2		2		2
일본어	4	4	3	3	3	3	2
영어	4	4	3	4	3	3	2

보건체육	2	2	2	2	2	1	1
음악	1						
정보	1	1					
선택과목		3	2	4	1	1	
주당 수업시간수 총계	30	30	30	30	30	20	20
수업주수	35	35	35	23	23	3	3

* 학교에 따라 조금씩 차이가 있다. 통상 수업 이외에 진로지도, 시험 등의 시간을 포함해 35주가 된다.
* 3학년 수업은 통상 수업을 표시한 것으로 진로 지도 및 시험 기간을 포함하여 35주가 된다.

[참고] 시가조선초급학교 공개수업 참관 사항

2009년 6월 28일 시가현(滋賀県)에 있는 시가조선초급학교에서 공개수업 및 '시가 · 교토의 조선학교와 외국인학교의 역사와 현상'이라는 주제로 심포지엄을 개최하였다. 조선학교에 대한 일본 정부의 탄압 및 조선학교가 놓여있는 상황에 대한 내용이 주였는데 일본 사회에서 민족학교를 유지하기 위한 이들의 어려움과 노력을 느낄 수 있었다.

시가조선초급학교의 학생은 전체 22명이다. 한 학년 당 평균 3~4명 정도로 구성되며, 3 · 4학년과 5 · 6학년은 하나의 교실에 교사 두 명이 각각 수업을 진행한다. 시설은 열악한 상태로 교실에 선풍기밖에 없어 더운 날씨에 수업하기 상당히 어려워 보였다. 교사는 대부분이 일본 조선대학 출신인 일본어 모어 화자로 일본어의 영향에 의한 발음과 조선어 억양을 지니고 있다.

3) 민족학급

2005년 현재 재일한국 · 조선인 학생들의 80% 이상이 일본의 공립학교에 다닌다. 소수민족이 집중 거주하는 지역의 공립학교 중에는 이

들을 모아 민족강사에게 민족어나 민족 악기, 놀이 등을 가르쳐 아동
들로 하여금 민족적 자존심을 느낄 수 있는 민족학급을 개설하는 곳이
있다. 민족학급의 수업은 일본학교에 다니는 아이들을 대상으로 하기
때문에 기본적으로 일본어로 이루어진다. '우리나라, 우리말, 민족명
(한국 이름)' 등의 한국어 단어들을 교육과정의 중심단어로 사용한다.
민족학급은 체계적인 언어 교육을 목표로 하는 것이 아니라 민족에 접
하기 위한 수단 즉 일본으로부터의 종족적 분리라는 일차적 목표를 수
행하기 위한 상징으로서 한국어를 사용한다. 민족학급의 수업을 통해
서 재일동포 자녀들은 한국어에 친숙해질 수 있는 기회를 가지게 되
며, 이는 한국어 학습을 위한 동기 부여로서도 의미가 크다.

민족학급의 특징은 민족 교육에 있어서 일본에의 정주를 인정했다
는 점이다. 즉 민족학급은 일본인과의 공생이라는 면에서 일본의 교육
을 받으면서도 민족적 자존심도 길러내고자 한 재일동포들의 의지의
소산이라 할 수 있다.

민족학급의 명칭은 민족학급, 민족클럽(クラブ), 朝鮮子供会、ウリ
ナラ(우리나라)子供会, 조선문화연구회 등이 있다. 민족학급은 소학교
는 1학년과 2학년, 중학교는 전 학년이 함께 실시하는 경우가 많다. 교
재는 각 교육위원회 및 각 학교의 민족강사가 작성한 것을 사용한다.
(송영자 2005:132-133)

2009년 7월 현재 교토시에서는 교토시 교육위원회의 사업으로 5명
의 비상근 강사를 한국인 학생이 많이 거주하는 지역의 시립학교 3개
교에 배정하여 정규 시간 외 주당 8시간 민족교육을 실시하고 있다.[10]

---

10) 1950년 일본 공립학교에 민족학급이 개설된 이래 민족학급의 역사는 50년 이
상이 된다. 2005년 6월 현재 일본 공립학교의 민족학급은 교토시립소학교 3

[표 19] 교토시 민족학급

학교명	학생 수	강사수
山王(산노우)小学校	9	2
陶化(도우카)小学校	24	2
養成(요우세이)小学校	5	1

4) 코리언살롱 메아리 한글방(コリアンサロンめあり ハングル塾)

코리언살롱 메아리는 2003년 한국민단교토부본부와 조선총련교토 부본부가 남북 중재 역할을 하기 위해 만든 단체이다. 재단법인 교토 시국제교류협회에서 장소를 제공하여 한글 강좌, 요리 강좌, 영화제, 강연회, 전시회 등의 사업을 진행하고 있다.

한글 강좌는 입문과 초급은 재일동포 강사가 담당하고, 중급은 회화 중심으로 한국에서 온 강사가 담당한다. 주 1회로 영리 중심이 아니라 메아리라는 단체를 알리기 위해서 운영하고 있기 때문에 강의료는 저 렴한 편이다.(년 4회 모집/3개월-12회, 수강료 8,400엔, 교재 CD 포함 2,400~2,600엔) 그러나 수업 내용이나 교재는 전적으로 강사에게 맡 기고 있어 수업의 질적인 면은 강사의 재량에 달려 있다고 볼 수 있다.

메아리는 민단과 총련이 함께 하는 최초의 단체이기 때문에 신문이 나 텔레비전에 홍보를 많이 해 줘서 학생 수는 많으나(정원 50명) 대부 분이 일본인이며 재일동포는 적은 상태이다. 연령은 20~70대까지 다 양하다.

곳 등 전국적으로 약 170개교가 있다. 이 가운데 가장 많은 곳은 오사카로 101개교에 민족학급이 있고, 약 2,300명의 재일한국·조선인 자녀들이 수업 외 시간에 조국의 언어 및 역사를 배우고 있다.(송영자 2005:133-134)

[표 20] 메아리 한글방 강좌

급	요일 및 시간	학습 내용
입문	화 오후 7:00-8:30	한글 읽기
초급	수 오후 7:00-8:30	기초 문법, 기본 회화
중급	목 오후 7:00-8:30	회화 중심

5) 교토신명학교

교토신명학교는 교토한국교회 내에 있는 교토부 지사가 인정한 한국어 학교이다. 1920년대에 설립한 후 1930년대 동포 대상의 한국어 교육을 위해 한국어와 역사를 활발히 가르쳤다. 당시 강사는 유학생이며 대부분 기독교 신자로 무보수로 봉사하였다고 한다. 일본 정부의 탄압으로 활동이 주춤하다가 1945년 9월 재출범하였는데 당시 학생이 500~600명 정도로 많았다고 한다. 이는 조국으로 돌아갈 것을 생각하고 자녀들에게 한국어 교육을 시킨 결과이다. 1948년 4월 한신교육투쟁 이후 1949년 교토부의 정식 인가를 받고, 1965년 한일 국교 정상화 이후부터는 일본인에게도 교육의 기회를 주고 있다. 2000년 이후 학생이 없어서 2년간 휴교하였다가 2002년 월드컵 및 한류 붐으로 다시 운영을 하고 있다. 2009년 7월 현재 수강생은 70명 정도로 대다수가 일본인이고 한국인은 10명 정도로 동포를 대상으로 하는 교육기관이라는 인식은 없어진 상태이다.

교토신명학교의 재정은 한국의 해외동포재단에서 지원을 받고 있다.(적은 액수이지만 정부에서 관심을 갖고 지원해 준다는 점은 긍정적으로 생각하고 있다고 한다.) 교회로부터는 전에는 1년에 60만엔을 지원받았으나 수업료를 받는 형태로 바뀐 이후로는 이익금을 1년에 120만엔 교회에 헌금하고 있다고 한다.

교토신명학교는 이사장(교회장로), 이사회(목사와 교회장로) 및 교장과 강사로 구성된다. 교토 내에 있는 성인 대상의 한국어 학교 중 가장 큰 규모로 주간반은 강사 3인이 두 반씩, 야간반은 강사 5인이 한 반씩(전체 11반) 일주일에 2회 수업한다. 강사 6명은 유학생이고, 1명은 일본인, 1명은 주부이다.

수업료 : 120분 1,400엔
강사료 : 120분 5,000엔(교통비 500엔)
교재 : 「가나다 한국어」 초급1, 2/ 중급 1, 2/ 고급 1, 2
시간 : 금요일 주간반 주 1회 90분－6반
　　　화, 금요일 야간반 주 2회 120분－5반
학생 수 : 한 반에 3~4명 정도

6) 교토시 토요코리아교실

교토시는 한국·조선의 언어와 문화의 지도를 위해 2009년 7월부터 토요코리아교실을 신규 사업으로 실시한다. 국공립·사립을 불문하고 교토시에 거주하는 소학교 3학년 이상의 학생을 대상으로 한국·조선어, 전통놀이, 문화, 음악, 공작 등의 수업을 한다. 정원은 40명이고 학생이 부담하는 수업료는 500엔으로 월 2회 토요일에 2시간씩 진행된다.

4. 재일동포 대상 한국어 교육의 방향

(1) 교육 여건에 맞는 교재 개발

현재 교토부의 한국어 교육 현장에서 사용되는 한국어 교재는 강사의 선택에 맡기고 있는 상황이다. 재외동포를 대상으로 한국 정부에서 제작된 교재는 일본의 현실에 맞지 않는 부분이 많고, 한국의 대학부속기관에서 제작된 교재는 일주일에 평균 1회 수업을 하는 교육 여건으로는 사용하기 어렵다는 의견이다.

따라서 한국어 강사들은 학생들의 특성 및 교실 규모를 고려하여 가르치기 적절한 교재를 선택하여 사용한다. 일본인이 제작한 교재를 사용하는 경우는 일본어 모어 화자가 이해하기 편하게 설명이 되어 있기 때문이고, 한국에서 출판된 교재는 자연스러운 한국어를 가르칠 수 있기 때문이라고 한다. 이를 달리 말하면 일본인이 제작한 교재는 자연스럽지 않은 한국어 표현이 제시될 수 있고,11) 한국에서 제작된 교재는 일본어 모어 화자가 이해하기에는 어렵다는 것을 의미한다.

한국어 강사들은 동포 대상의 적당한 한국어 교재가 부족하다고 한

---

11) 일본인 저자의 한국어 교재에는 대화 부분이 자연스럽지 못한 경우가 종종 발견된다.
    가: 한국 음식은 괜찮아요?
    나: 네, 잘 먹어요
    가: 특히 뭘 좋아해요?
    나: 김치가 정말 맛있어요. 자주 슈퍼에서 사요.
    가: 우리 집에 식사하러 와요.
  또한 발음 규칙이 잘못 설명된 부분이 발견되기도 한다. 예를 들어 'ㅎ'의 발음과 관련하여 '좋다[조타]를 [좋타]로, '악화[아콰]를 [악콰]로, '협회'[혀푀/혀퀘]를 [협푀]로 실제 발음한다고 설명하고 있다.

다. 따라서 이를 해결하기 위한 하나의 방법은 외국에서 한국어 교육
에 종사하는 현지인들과 한국 내의 한국어 교육 종사자가 협력하여 교
재 제작에 참여하는 것이라고 말한다.

(2) 현지 강사에게 필요한 한국어 교사 연수

  일본에서도 여러 기관에서 한국어 강사를 대상으로 한국어 교사 연
수를 개최하고 있다. 그러나 연수의 내용은 이론적인 것보다는 실제
수업에 필요한 현실적인 정보가 필요하다는 견해가 지배적이다. 강사
연수를 위해 한국에서 오는 대부분의 한국어 교육 관련자들의 강의는
한국어 교육에 관한 일반론적인 내용이고, 실제 일본 현지 수업에 필
요한 설명은 부족하다고 한다.

  일본 내의 한국어 교육은 유학생이나 일본에 오래 거주한 한국인
및 한국어를 배운 재일동포들이 강사로 활동하고 있는 상황이다. 이들
은 대부분 한국어 전공자가 아니기 때문에 외국어로서의 한국어 교육
에 대한 지식을 기대하기 어려운 상황이다. 이들에게는 실제 수업에
필요한 현실적인 정보가 무엇보다도 절실하다. 일본어 모어 화자가 발
음하기 어려운 한국어의 발음을 어떻게 설명하는 것이 좋은지, 한국어
습득 시 일본어 화자에게 자주 발생하는 오류는 어떤 것이며 이를 최
소화할 수 있는 방법은 어떤 것인지 등에 관한 현실적인 설명이 필요
한 것이다. 가령 일본어 모어 학습자가 발음하기 어려운 한국어의 평
음, 경음, 격음을 지도할 때 일본어의 어휘 가운데 한국어와 발음이 유
사한 어휘를 이용하여 발음 연습을 지도하는 것도 하나의 방법으로
(까:まっ_か_(真っ赤), 따:まっ_たん_(末端), 빠:はっ_ぱ_(葉っぱ), 싸:あっ_さ_

り, 茶:まっちゃ(抹茶)) 강사들에게는 이러한 실질적인 내용의 지도 방법이 필요한 것이다.

(3) 재일동포에 대한 꾸준한 관심

1) 재일동포에 대한 이해

일본 사회의 뿌리 깊은 편견과 차별, 국제결혼의 증가 등으로 동포 사회에서의 민족 정체성의 기준 및 의식 등은 많이 변화하고 있다. 즉 일본에서의 생활을 일시적인 것으로 간주하고 언젠가는 귀국할 것을 바라며 살아 왔던 그들의 부모나 조부모 세대와는 달리 3세나 4세들은 자신들을 일본의 영주 거주자로서 인식한다. 따라서 일본 사회에서의 소수민족으로서의 권리 획득 및 위치 확보에 더 큰 관심을 지니고 있기 때문에 한국어의 사용과 습득 동기는 제한적이게 된다. 이는 일본 사회에서 아직은 실용 외국어로서의 한국어에 관한 인식이 낮기 때문이기도 하다.[12]

前田(2005)에서 한국어를 배울 필요가 있는가에 관한 질문에 필요하다가 55%, 본인 선택이다가 35%로 나타났다. 한국어 학습에 점차 소극적인 자세를 보이고 있는데 이제 더 이상 젊은 세대에게 자신의 민족 언어이니까 한국어를 배워야 한다는 주장은 설득력이 없어진 상황이라고 볼 수 있다. 민족과 언어는 동일해야 한다는 생각은 언어 획득의 동기가 됨과 동시에 부담도 된다. 따라서 개인이 필요하다고 생

---

12) 일본 대학에서는 교양외국어로서의 한국어 강좌는 인기가 있어서 많은 대학에서 교양강좌로 한국어 강좌를 개설하고 있으나 한국어과를 개설한 대학은 소수에 불과하다.

각하여 한국어를 배우고, 언어 능력이 부족해도 그것이 허용될 수 있는 사회적 이해가 전제된다면 재일 젊은 세대들은 한국어를 배우는 데 훨씬 자유로울 수 있을 것이다. 즉 한국인이니까 무조건 한국어를 할 줄 알아야 한다는 시선에서 벗어나 젊은 세대가 자유롭게 한국어에 가까워지고 그 중 능력을 갖춘 사람도 나오게 된다면 민족어로서 한국어가 유지될 수 있는 하나의 방법이 될 수 있을 것이다.

2) 재정적 지원

재일 동포의 대다수는 성장과정에서 경험한 민족 차별 때문에 민족적 열등감을 지니게 되지만 민족교육과 민족단체에의 참가를 계기로 자신에 대한 부정적 이미지와 민족적 열등감을 극복한다고 한다. 따라서 민족교육은 다른 모든 요인을 압도할 정도로 민족적 아이덴티티 형성에 커다란 효과를 가지고 있다고 볼 수 있다.

그러나 재정 문제로 없어지는 학교도 발생하는 상황이라 한다. 학교 건물도 오래 됐고, 사립이니까 공립보다 등록금도 비싼 편이며 소수의 학생으로 학교를 운영해야 하기 때문에 재정적 어려움을 줄이기 위해 학부모가 학교 일을 도와야 하는 경우가 발생하기도 한다고 한다. 따라서 민족학교들은 우리 정부의 지원을 절실하게 필요로 한다. 재일동포들은 비록 오랜 세월 일본에서 살고 있지만 자신들은 한국국적을 지닌 한국인으로서 한국 정부의 지원이 줄어드는 것에 대해 섭섭함을 표하기도 한다. 현재 한국 정부는 교육과학기술부 재외동포교육과를 중심으로 재외동포 대상의 다양한 업무 및 지원을 하고 있다.13) 한국 정

---

13) 주로 재외한국학교·한국교육원의 설립·폐지 및 운영지원, 재외교육기관 예산지원 및 결산, 재외교육기관 파견공무원 선발·인사관리 및 업무활동에

부의 입장에서는 일본만이 아닌 해외 여러 지역 우리 동포들에 대한 지원을 고려해야 하나 이는 결과적으로 과거에 비해 일본에 대한 관심 및 지원이 줄었다는 것이 재일동포들의 견해로 이를 절충할 방안이 필요하다.

5. 맺음말

현재 재일동포 사회는 1세, 2세의 수는 줄고 3세, 4세 중심으로 움직이고 있으며 가족에 따라 5세, 6세가 태어나고 있는 상황이다. 이들의 일상 언어는 일본어로 한국어는 아이덴티티의 표출 혹은 민족적 이데올로기의 강화를 위한 특수하고 제한된 경우에 사용된다. 재일동포 가운데 한국어를 구사할 수 있는 경우는 민족학교 출신자와 교사, 민족운동단체 관계자, 한국계 기업 직원 및 자발적인 한국어 학습자로 대학이나 문화센터에서 한국어를 배우거나 독학을 통해서 한국어를 습득한 사람들이다. 이들의 모어는 일본어로 제2언어로서 한국어를 학습한다는 점에서 한국어를 자유롭게 구사하기까지는 많은 시간과 노력을 필요로 한다.

일본 사회에서 실용 외국어로서의 한국어의 위상은 높지 않았으나 한국에 대한 인식이 변화되기 시작하면서 2002년부터는 한국의 수능시험에 해당하는 대학입학센터시험의 제2외국어 과목으로 한국어가 채택되었고,[14] 한국 문화에 대한 관심 및 한일 월드컵 공동 개최 등의

___

대한 지원, 재외한국학교 학사 및 운영지원, 재외동포자녀 모국방문 지원, 재외동포교육 유관기관 및 단체 협력·지원 등의 업무를 하고 있다.

다양한 요인에 의해 한국어의 위상이 점차 달라지고 있다. 일본 고등
학교에서 개설하는 외국어 가운데 한국어 과목이 증가하는 추세이
고[15] 대학 안에 제2외국어로서의 한국어 강좌가 늘고 있으며, 민단 등
에서 운영하고 있는 한국어 강습소에 수강자들이 몰리고 있고, 문화센
터 등에도 한국어 강좌가 개설되고 있다.

  그러나 아직 이들 한국어 강좌의 수강생들은 대부분 일본 학생들이
고 재일동포 학생들은 소수에 불과하다. 외국어로서의 한국어 교육은
일본 내에서 어느 정도 성과를 거두고 있다고 볼 수 있으나 동포 대상
의 한국어 교육은 상대적으로 미미한 상황이다. 재일동포 가운데는 이
러한 상황에 대해 소외감을 느끼는 경우도 있다. 따라서 이들에 대한
한국 정부와 국민의 꾸준한 관심이 요구된다.

---

14) 센터시험 외국어별 수험자수

과목명	2000	2001	2002	2003	2004
프랑스어	196	145	156	138	154
중국어	268	327	436	405	409
한국어			99	169	174

* 출처-獨立行政法人 大學入試センター
* 센터시험에서 영어는 해마다 평균 50만 명을 넘고 기타 외국어 수험자 수
  는 위 표와 같다. 한국어는 2~3년 사이 증가가 눈에 띤다.

15) 외국어별 개설고등학교 수

과목명	1993	1995	1997	1999	2001	2003
프랑스어	128	147	191	206	215	235
중국어	154	192	303	372	424	475
한국·조선어	42	73	103	131	163	219

* 출처-일본 문부과학성(2003)

참고문헌

김미선(2005), 在日韓國·朝鮮人の言語使用,「事典 日本の多言語社會」, 真田信治· 庄司博史編, 岩波書店.

송영자(2005), 外國人民族敎育,「事典 日本の多言語社會」, 真田信治· 庄司博史 編, 岩波書店.

윤건차(1992),「在日を生きるとは」, 東京: 岩波書店.

윤건차(1997),「일본, 그 국가 민족 국민」, 하종문· 이애숙 역, 일월서각.

임영철(2005), 在外韓國人の言語生活,「在日コリアンの言語相」, 真田信治· 生越直樹·任榮哲編. 和泉選書.

정병호(2002), 언어생활과 민족교육,「일본관서지역 한인동포의 생활문화」, 국립민속박물관.

生越直樹(1983), 在日朝鮮人の言語生活,「言語生活」376, 東京:筑摩書房.

生越直樹(2005), 在日コリアンの言語使用意識とその変化,「在日コリアンの言語相」, 真田信治·生越直樹·任榮哲 編. 和泉選書.

福岡安則(1993),「在日韓國·朝鮮人」, 中公新書 1164.

前田真彦(2005), 韓國系民族學校の事例－白頭學院 建國 幼,小,中,高等學校の場合,「在日コリアンの言語相」, 真田信治·生越直樹·任榮哲 編. 和泉選書.

前田達朗(2005), 在日の言語意識,「在日コリアンの言語相」, 真田信治·生越直樹·任榮哲 編和泉選書.

교육과학기술부 재외동포교육과 정보자료실 : http://www.mest.go.kr

교토시 국제교류협회 코리안살롱 메아리 :
   http://www.kcif.or.jp/jp/jigyo/meari/top.htm

교토한국교육원 : http://www.kankoku.or.kr

獨立行政法人 大學入試センター : http://www.dnc.ac.jp

민족교육권리사전 : http://www.k-jinken.ne.jp/minzokukyoiku

일본 문부과학성 : http://www.mext.go.jp

일본 법무성 통계자료 : http://www.moj.go.jp/nyukan/nyukan42.html

재외동포재단 : http://www.korean.net/okf/new/main/

러시아 중부 지역의
한국인/동포를 위한 한국어교육의 현황과 과제

1. 서론

소비에트 연방의 해체와 한러 수교 이후, 한민족의 비극적 역사를 상징하는 구소련 지역의 고려인[1]에 대한 관심이 증가하면서 이와 관련한 연구들이 여러 방면에서 진행되었다. 최근에는 디아스포라에 대한 새로운 인식과 맞물려 이 지역에 형성되고 있는 한인 사회를 주제로 한 연구들도 이루어지고 있다. 연구사가 비교적 짧은 편임에도 불구하고 적지 않은 분량의 성과들이 쌓였으나, 아직까지는 연구의 대상이 포괄적이고 광범위하다는 한계를 보이고 있다. 러시아뿐 아니라 우

---

[1] 본 발표에서는 명칭에 대한 논의는 생략하고, 총체적인 의미로 '한인'을 주로 사용하고 상황에 따라 '한민족'을 사용하기로 한다. 각각의 집단은 '한국인', '북한인(?)', '조선족', '고려인'으로 구분하여 칭하기로 한다.

즈베키스탄, 카자흐스탄 등을 포함하여 전체적인 양상을 다루고 있는
데, 연방 해체 이후 각국의 내외적 상황이 매우 다르게 전개되고 있으
므로 연구 대상의 범위를 좁혀나갈 필요가 있다. 또한 미래지향적인
방향으로 발전시켜 나가기 위해서도 고려인 사회의 형성이라는 사적
전개에 집중된 주제와 중앙아시아 지역에 편중된 연구의 다변화를 꾀
하는 것이 필요한 시점이다.

　외교통상부와 재외동포재단 등 유관 기관의 통계(2003년)에 따르면,
고려인은 약 65만 명에 달하는 것으로 추정된다. 러시아에 약 19만 명,
우즈베키스탄에 약 23만 명, 카자흐스탄에 약 10만 명, 우크라이나에
약 1만 3천 명, 키르기스스탄에 약 2만 명이 거주하고 있는데, 1990년
대 중반 이후에는 중앙아시아 각국의 경제 침체 등을 이유로 러시아로
역이주하는 고려인이 늘고 있는 추세이다. 2000년대 들어서도 3~4만
명 이상의 고려인이 역이주한 것으로 추정되나 공식적인 집계는 나오
지 않고 있다. 중앙아시아 각국의 자국어 정책이 강화되면서 역이주는
더욱 증가할 것으로 보인다. 따라서 향후 러시아의 고려인 사회는 더
욱 확장될 전망이다. 스탈린의 강제이주정책(1937) 이후 고려인 사회
의 중심이 연해주에서 중앙아시아로 옮겨졌으나, 최근 들어 다시 그
중심이 러시아로 바뀌고 있는 것이다.

　본 발표는 사적 전개보다는 현황과 전망에 초점을 맞추어 대상을
고려인에 국한하지 않고, 한인 사회를 형성하는 전체 성원을 대상으로
하여 문제에 접근하고자 한다. 물론 현지 한인 사회의 대다수를 차지
하는 고려인에 대한 논의가 주가 될 수밖에 없는 한계가 있다. 한편
러시아의 현황을 명확히 파악하기 위하여, 그간 상대적으로 연구가 소
홀했던 러시아 중부, 즉 시베리아 지역으로 범위를 한정하기로 한다.

그러나 이 지역은 아직 한인 사회가 크게 형성되지 못하여 한국인/동포를 위한 한국어교육의 현황만을 다루는 데에 다소 무리가 따른다.

러시아 한인 사회의 전체적인 양상을 규명하기 위해서는 시베리아 지역의 연구가 추후 보완되어야 할 것이다. 기존 연구들이 카자흐스탄, 우즈베키스탄 등 구 소련권 국가들을 포함하였으나, 연방 해체 이후 각국의 상황이 다르게 전개되었기 때문에 역사적 연구가 아니라면 국가별로 접근할 필요가 있다. 다만, 선행된 연구와 조사가 미비하여 심도 있는 논의를 진행하기는 어려우므로, 시베리아의 한인 사회와 이들에 대한 한국어교육 현황을 소개하여 이 지역에 대한 관심을 유발하는 데에 목적을 두기로 한다.

2. 한국인 및 동포 거주 현황

러시아를 대상으로 한 연구는 크게 세 권역으로 나누어 진행하는 것이 여러 모로 유리하다. 따라서 모스크바와 상트페테르부르크를 중심으로 한 유럽러시아, 편의상 중부로 칭한 시베리아, 블라디보스토크와 하바롭스크를 중심으로 한 극동러시아로 구분하여 논의를 진행하는 것이 관례이다. 이 가운데 시베리아는 러시아 국토의 75%에 이르지만, 인구는 1천 4백만 명에 불과하다. 러시아 전체의 인구가 1억 4천만 명임을 감안하면 시베리아의 인구가 매우 적은 편임을 알 수 있다. 혹한으로 인하여 거주지라기보다는 유형지라는 이미지가 강하기는 하지만, 자원의 중요성이 강조되고 있는 현대 사회에서 시베리아가 가지는 의의는 매우 커서 각국의 자원외교가 활발하게 진행되고 있다. 또

한 소비에트 시절부터 시베리아의 주요 도시에 과학과 학문 분야를 특
성화하여 중점적으로 육성하였기 때문에 이 지역의 기초과학과 첨단
기술 역시 여러 나라에서 도입하기를 희망하고 있다.

시베리아는 지역이 광활하다 보니 예니세이 강을 기준으로 서시베
리아와 동시베리아로 구분하기도 한다. 서시베리아의 주요 도시로는
노보시비르스크(인구 140만)2), 옴스크(110만), 톰스크(50만) 등이 있으
며, 동시베리아의 주요 도시로는 크라스노야르스크(100만), 이르쿠츠
크(60만), 야쿠츠크(25만) 등이 있다.

1990년대 이후 한국인의 진출이 꾸준히 이루어져, 노보시비르스크
와 이르쿠츠크에는 대략 200~300명의 한국인이 거주하고 있으며, 톰
스크, 크라스노야르스크 등에도 100명 내외의 한국인이 거주하고 있
다. 대부분이 사업가, 선교사, 유학생들이며, 이주 초기에는 현지 적응
에 실패하는 경우가 많았으나, 최근에는 비교적 안정적으로 정착하고
있다. 이들은 현지 고려인들과 교류를 통하여 현지에 뿌리내리는 데에
많은 도움을 받고 있다. 이주 초기에는 '한민족'이라는 정서에 지나치
게 의존하여 갈등과 마찰을 겪었으나 이런 시행착오를 통해 지금은 고
려인의 정체성에 대하여 비교적 객관적인 시각을 갖고 있는 편이다.

북한인의 경우, 북한 정부의 공식적인 인력 파견은 감소하고 있으나
탈북자가 증가하면서 시베리아 주요 도시에 1,000여 명 안팎의 북한인

---

2) '시베리아의 수도'라 불리는 노보시비르스크에는 대한무역진흥공사(KOTRA)
   와 중소기업진흥공단(Small Business Corporation) 사무소가 각각 2003년과
   2007년에 설치되어 이 지역 내에 한국의 무역인들을 유치, 지원하고 있다.
   한편, 한국과학기술연구원(KIST) 시베리아 지부 격인 한러과학기술협력시베
   리아센터가 2003년부터 운영 중인데, 현지의 기초과학과 첨단기술을 국내에
   소개하고 이전하는 등의 문제를 지원하고 있다. 또한 오리온 등 한국 일부
   기업의 현지 공장이 이미 완공되었거나 향후 건설될 예정이다.

이 거주하고 있는 것으로 알려져 있다. 그러나 정치적 이유에서 이들의 수가 공식적으로 집계되지 않고 있기 때문에 도시에 따라서 이보다 많은 수가 거주하고 있을 수도 있다. 1990년대에는 주로 벌목공이 많았으나, 최근에는 대부분 건설 노동자나 시장 상인으로 일하고 있다. 북한 정부가 공식적으로 파견한 경우에는 상호 감시가 심하여 한국인들과의 교류는 전무하며, 현지 고려인 사회와도 단절한 채 지내고 있다.[3] 탈북자들도 불법체류라는 법적 한계로 인하여 외부와의 교류를 극도로 꺼리는 편이다. 일부 한국인 선교사나 사업가들이 탈북자들을 돕는 경우가 드물게 있으나 사정상 외부적으로 드러내지는 못하고 있다.

조선족은 2000년대 초반만 해도 시베리아의 주요 도시마다 1,000여 명이 거주하였으나, 2006년 이후 러시아 정부가 중국인의 취업 활동을 제한하면서 공식적으로 그 수가 크게 감소한 것으로 알려져 있다. 한때 연해주 상권의 대부분을 장악한 중국인들의 러시아 진출에 위기의식을 느낀 러시아 정부가 적극적으로 대응한 결과이다. 조선족의 경우 상업에 종사하는 이들이 대부분으로, 불법체류인 경우가 많아서 사회적인 관계를 형성하는 데에 제약이 많다. 또한 중국인들의 비호 아래 시장에서 장사를 해야 하므로 한인 사회와 교류하는 경우가 드물고, 고려인들과의 관계도 원만하지 못한 것으로 알려져 있다.

이처럼 시베리아의 한인 사회는 한국인, 북한인, 조선족, 고려인으로 구성되어 있으나, 외적인 요인에 의하여 실제로는 한국인과 고려인

---

3) 일례로, 시베리아 교통대에는 러시아의 철도 기술을 배우기 위하여 유학 온 20~30여 명의 남북한 학생들이 수학하였으나, 동일한 강의를 수강할 때조차 서로 인사도 나누지 못하고 지냈으며 기숙사도 층을 구분하여 배정받았다.

의 교류, 협력만이 일부 이루어지고 있는 실정이다. 시베리아의 경우에는 한국인의 진출 역시 유럽러시아나 극동러시아에 비하여 두드러지지 않은 상황이다. 따라서 그간 러시아 한인 사회에 대한 연구에서 시베리아 지역은 상대적으로 관심이 소홀한 편이었다. 광활한 지역에 도시가 드물게 분포되어 있고 교통의 편이성이 부족하여 현장 조사에 어려움이 크다는 점도 이 지역을 대상으로 한 연구에 제약 요인으로 작용한다.[4)

또한 고려인의 분포도 러시아 타 지역에 비하여 미미한 편이다. 다음은 러시아 각 지역에 거주하고 있는 고려인의 분포이다.

[표 1] 러시아 각 지역의 고려인 분포(2008년 기준, 추정치)

권역	지역	수(단위 - 명)	비고
유럽러시아	모스크바	40,000	
	상트페테르부르크	10,000	
	북카프카스	65,000	주요 도시 - 로스토프나도누
시베리아	노보시비르스크	2,500	
	톰스크	1,200	
	옴스크	500	
	크라스노야르스크	400	
	이르쿠츠크	1,000	
	사하공화국	5,000	수도 - 야쿠츠크
극동러시아	블라디보스토크	25,000	통칭 연해주
	우수리스크	15,000	
	사할린	40,000	
	하바롭스크	14,000	

위의 표에서 알 수 있듯이, 시베리아의 고려인 사회는 러시아 여느 지역에 비하여 소규모로 형성되어 있다. 인원이 적기 때문에 여러 단

---

4) 시베리아 주요 도시 중 한국에서의 직항로가 개설된 곳이 드물다. 노보시비르스크는 매주 혹은 2주에 1회 시베리아 항공이 직항을 운항하고 있으며, 이르쿠츠크는 여름 성수기에 대한항공에서 전세기를 운항하고 있다.

체가 난립하지 않고 단일한 협회를 구성하여 그만큼 반목과 대립이 적은 편이고 전통을 고수하려는 성향이 강한 편이다. 이러한 단결력에 힘입어서 시베리아의 고려인 사회는 러시아 내에서도 강한 영향력을 가진다. 일례로 전러시아고려인협회 제2차 회의(2003)가 이 지역의 중소도시인 톰스크에서 개최되었고, 중앙아시아로의 강제이주 이후 격하된 고려인들의 복권(1994)을 위한 일련의 회의에서 시베리아 지역의 고려인 대표들이 주요한 역할을 담당하였다. 이는 시베리아의 여러 도시에서 각계의 요직에 앉아 강한 발언권을 지닌 고려인이 많은 상황과도 무관하지 않다.

3. 한국어교육 현황

3.1. 정규 교육기관 현황

러시아 고려인은 대체로 세 부류로 구분할 수 있다.

첫째는 1990년대 이전에 러시아 주요 도시에 정착한 중앙아시아 출신이다. 간첩혐의로 1937년 중앙아시아로 강제 이주된 고려인들은 1957년부터 일부 복권되어 러시아 주요 도시에 유학하면서 그 도시에 정착하기 시작하였다. 이들은 고등교육을 통하여 각 도시에서 주요 지위에 오른 경우가 많아서 사회적으로 안정된 기반을 가지고 있다. 모스크바뿐 아니라 각 지역의 실력자로 자리매김한 경우가 많은데, 특히 시베리아의 주요 도시에서는 이들이 정계, 재계, 학계 등 각 분야의 주요 인사로 활동하고 있다. 향후 한국과 러시아의 교류와 협력에서 큰 역할을 담당할 것으로 기대된다. 그러나 이주 2~3세대에 속하는 이들은 철저한 현지화로 인하여 한국어 구사력이 부족한 경우가 대부분이고, 4~5세대의 젊은 계층은 이러한 현상이 더욱 심각하다.

둘째는 1930~40년대에 일본의 강제 징용에 의하여 사할린 지역에 정착한 사할린 출신이다. 타 지역의 고려인들보다 한민족으로서의 정체성을 비교적 오래 유지해 온 이들은 일정 수준 이상의 한국어 구사력을 지니고 있는데, 이들은 러시아 내 타 지역으로 이주하면서 현지의 고려인들과 마찰을 겪는 경우가 종종 있다. 이러한 경향은 고려인의 분포가 높아 반목과 대립이 심하고 단합이 힘든 지역에서 많이 발견되는데, 시베리아에서는 각 도시에 형성된 고려인 사회의 규모가 작기 때문에 사할린 출신과 타 지역 출신이 비교적 잘 조화를 이루고 있는 형편이다. 1990년대 이후 한국인의 러시아 진출이 늘어나면서 한국어를 구사할 수 있는 사할린 출신 고려인의 역할도 증가하고 있다.

셋째는 1990년대 후반 이후, 특히 최근 들어서 급증하고 있는 중앙아시아 출신 역이주자들이다. 우즈베키스탄이나 카자흐스탄 등 구 소련의 국가들은 경제 개발 속도가 더딘 편이어서 그나마 형편이 나은 러시아로 귀향하는 고려인이 증가하고 있다. 이에는 중앙아시아 각국이 자국어우선정책을 펼치게 된 상황도 한 요인으로 작용하였다. 러시아 정부의 관련 법규가 마련된 2005년 이후에는 중앙아시아 고려인들의 합법적인 귀향이 늘고 있으나, 그 이전에 귀향한 이들 가운데 상당수는 불법 체류의 신분으로 불안한 나날을 보내고 있다. 또한 러시아에 생활 기반을 마련하지 못하여 경제적인 곤란을 겪고 있기도 하다. 시베리아 주요 도시마다 이러한 역이주가 크게 증가하고 있어서 고려인 사회의 규모가 확장되고 있다.

러시아 각 지역에 형성된 고려인 사회의 특성을 정확히 파악하기 위해서는 위와 같은 부류에 대한 이해가 선결되어야 한다. 이러한 집단적 기반에 따라서 각 지역의 고려인 사회가 단합하고 분열하는 양상을 띠기 때문이다. 시베리아의 주요 도시에는 첫째 부류에 해당하는 고려인들이 주류를 이루고 있었으며, 이들은 한민족으로서의 전통을 보존하는 데에 관심을 가지기는 했으나 한국어교육에는 그다지 열정적이지 않았다. 소비에트 정부가 강제적으로 연방 내 소수 민족의 민족어교육을 금지해 온 탓에 이들에게 이미 한국어는 민족어로서의 의의가 없었으며, 러시아를 구성하는 100여 개 소수 민족의 하나로서 자신들의 문화적 정체성을 이어가는 정도의 관심만 있었을 뿐이다.

시베리아에서 한국에 대한 인지도가 낮았던 것도 이 지역의 한국어교육이 러시아 타 지역에 비하여 매우 늦게 시작된 주요 원인으로 꼽을 수 있다. 발전 속도가 한국어교육의 역사가 오래 된 모스크바나 블라디보스토크 등에 비하여 더딘 편이나, 꾸준히 수요가 증가하고 있어 전망이 밝다고 할 수 있다. 시베리아에서는 1990년대 중반 이후 한국어교육이 보급되기 시작하였는데, 민족어 교육의 일환으로 고려인들에 의하여 시작된 것도, 러시아인의 한국에 대한 관심이 증가한 결과도 아니었다. 한국인 유학생이나 선교사들이 현지의 주요 대학들에 일본어나 중국어 강좌가 개설되어 있는 데 반하여 한국어 강좌가 없다는 사실에 자극받아 노력한 성과다. 개설 초기에는 대학 자체의 한국어교육과 관련한 기반 없이 강좌가 개설되어 어려움이 많았으나 차츰 안정을 찾아가고 있는 상황이다. 그 결과, 시베리아 지역에 한국어 강좌가 개설된 대학의 수는 러시아 타 지역에 비할 만큼 증가하였다.

[표 2] 러시아 지역별 한국어 강좌 개설 대학 분포(2008년 기준, 단위: 개)

권역	도시	대학	비고
유럽러시아	모스크바	6	
	상트페테르부르크	3	
	카잔	1	
	로스토프나도누	1	
	크라스노다르	1	
	마그니토고르스크	1	
	볼고그라드	1	소계 14
시베리아	노보시비르스크	3	
	이르쿠츠크	4	
	크라스노야르스크	1	
	야쿠츠크	1	
	울란우데	1	
	바르나울	1	
	톰스크	2	소계 13
극동러시아	블라디보스토크	7	
	하바롭스크	5	
	우수리스크	2	
	유즈노사할린스크	1	
	블라고베셴스크	1	
	나홋카	2	
	아르툠	1	소계 19
합		46	

위의 표에서 보듯이 시베리아에서는 비교적 짧은 기간에 한국어 강좌 개설 대학이 양적으로 성장하여 한국어교육의 역사가 100년이 넘는 러시아의 타 지역에 비하여 외형적인 면에서 뒤지지 않을 수준에 이르고 있다. 물론 이렇듯 급속한 외적 성장이 전문적인 교육을 통해 배출된 유능한 교사가 부족하고 졸업 후 학생들의 진로가 불투명하다는 부작용을 낳기도 하지만, 향후 꾸준한 지원이 뒷받침된다면 시베리아의 여러 대학에서 한국어교육이 안정적으로 발전해 나갈 수 있을 것

으로 본다. 참고로 노보시비르스크 한국어교육기관의 학생 수를 제시
하기로 한다.

[표 3] 노보시비르스크 한국어교육기관의 학생 현황(2008년 기준, 단위-명)

교육기관	재학생		졸업생		비고
	전체	고려인	전체	고려인	
노보시비르스크 국립대	46	0	37	3	학과(전공)
노보시비르스크 국립공대	25	12	32	15	학과(전공)
시베리아 교통대	15	10	23	16	제2외국어
합	86	22	92	34	

현재 시베리아에서의 한국어교육이 안고 있는 문제는 고등교육기관
에서 한국어교육이 차츰 자리잡아 가고 있음에 비하여 초, 중등교육기
관에서는 한국어교육이 보급될 여건을 전혀 갖추지 못하고 있다는 점
이다. 표2에서 언급한 시베리아 지역의 한국어 강좌 개설 13개 대학
중 사범대는 한 곳도 없다. 따라서 현지에서 당장 초, 중등 한국어 교
사의 양성을 기대할 수 없는 형편이다. 물론 시베리아 주요 도시 중
한국어를 가르치는 초, 중등교육기관도 전무한 실정이다.

사정이 이러하다 보니, 북한인이나 조선족의 경우는 논외로 하더라
도 현지에 정착한 한국인 가정은 자녀 교육의 문제를 심각하게 고민하
고 있다. 한국에서 어느 정도 성장한 후 이주한 한국인 자녀들은 그나
마 일정한 한국어 능력을 유지하지만, 현지에서 출생했거나 유아기에
이주한 한국인 자녀들은 한국어 습득에 어려움을 겪고 있다. 더욱이
시베리아 각 도시에 진출한 한국인의 수가 많지 않기 때문에 한국학교

개설은 요원한 상태이고, 현지의 초, 중등교육기관에서 한국어를 가르
치는 일도 당장은 기대하기 어려운 실정이다. 이 때문에 한국인 자녀
뿐만 아니라, 고려인 자녀들 역시 한국어를 배우고 싶어도 정규교육을
통하여 배울 수 있는 기회가 주어지지 않고 있다.

3.2. 비정규 교육기관 현황

시베리아 지역의 고려인 사회는 대체로 현지에 동화되어 각계의 요
직에 진출한 고려인들에 의하여 주도되어 왔다. 이들은 민족 전통 보
존 의식은 있으나 한국어를 민족어로서 이어갈 의의를 지니지 못하는
경우가 많았다. 그러나 최근 한국의 국제적인 위상이 높아짐에 따라
현지의 고려인 사회에서도 한국어에 대한 관심이 증가하고 있으며, 이
러한 경향은 특히 젊은 세대에서 두드러지게 나타나고 있다. 아직 미
미한 수준이기는 하지만, 시베리아 각 지역에 한국 기업들의 진출이
서서히 이루어지고 있으며 한국인 사업가들이 현지에 정착하는 일이
증가하고 있기 때문에 이에 대한 기대치도 높아지고 있다. 반면에 시
베리아의 초, 중등 정규교육기관에서는 한국어교육을 하고 있는 곳이
없으므로, 대학에 입학해서야 비로소 한국어를 정식으로 습득할 수
있다.

따라서 대안의 하나로 비정규 교육인 한글학교가 활성화되었다. 고
려인들의 한국어 습득에 대한 욕구가 증가하면서 현지에 진출한 선교
사들의 종교적인 목적과 결합하여 러시아 각 지역에서 한글학교가 성
행하기 시작한 것이다. 비자 취득의 용이함과 선교 활동의 편의를 목
적으로 한다는 점은 다소 문제가 될 수 있으나, 러시아 한국어교육에

서 선교사들의 비중은 매우 큰 것이 사실이다. 이러한 현지의 한국어
교육 현실을 수용하여 한국어교육의 전문성이 결여된 선교사들에게
한국어교사연수 등의 기회를 부여하는 방안을 강구하는 것도 좋을 듯
하다. 다음은 주러 한국대사관과 블라디보스토크 총영사관에 등록된
한글학교의 분포이다.

[표 5] 러시아 권역별 재외공관 등록 한글학교 분포(단위 - 개)

	2004년	2005년	비고(가감)
유럽러시아	45	43	-2
시베리아	10	8	-2
극동러시아	105	90	-15
합	160	141	-19

　　위의 수치는 공식적으로 재외공관에 등록한 한글학교만을 대상으로
한 것이고, 대부분의 교사는 한국인 선교사들로 구성되어 있다. 그러
나 재외공관이 멀다는 이유 등으로 등록하지 않은 경우도 있어 실제
수치는 더욱 증가 많은 것으로 추정된다. 노보시비르스크의 경우에도
위의 표에는 2004년 10개 중 세 곳, 2005년 8개 중 한 곳만 포함되어
있으나, 실제로는 10여 곳 이상에서 한글학교를 운영하고 있는 것으로
알려져 있다. 톰스크, 이르쿠츠크, 크라스노야르스크 등에서도 선교사
들의 선교 활동이 활발하게 이루어지고 있으므로, 시베리아 전 지역에
서 최소 50여 개 이상의 한글학교가 운영되고 있을 것으로 추산된다.
대부분 선교사 1~2명이 10~20여 명 안팎의 고려인에게 한국어를 가
르치고 있는데, 전문적인 한국어 교사가 아니라는 점과 한국어 교재
등의 교육 자료를 구비하지 못하고 있다는 등을 문제점으로 들 수 있다.
　　선교사들의 한글학교 운영 현황은 재외공관에 공식적으로 등록한

경우를 제외하고는 대체로 파악하기가 힘들기 때문에 노보시비르스크
의 고려인협회에서 운영하고 있는 한글학교의 현황만 간단히 소개하
기로 한다. 노보시비르스크 고려인협회에서는 2004년부터 자체적으로
청소년을 대상으로 한글학교를 운영하였으나 무보수로 일할 교사 확
보가 쉽지 않고, 한국어 교재 등의 교육 자료를 구비하지 못하여 2년
간 유지하다가 중지하였다. 2007년에 노보시비르스크 고려인협회와
청년단체가 한국어 강좌가 개설된 노보시비르스크 국립대와 노보시비
르스크 국립공대의 한국어 교수진에 의뢰하여 다시 한글학교를 운영
하기 시작하였다. 2007년부터 재개된 노보시비르스크 고려인협회 한
글학교의 교사 현황은 다음과 같다.

[표 5] 노보시비르스크 고려인협회 한글학교 교사 현황(2008년 기준)

이름	국적	성별	출생년도	최종학위	전공	교육경력	기타
장호종	한국	남	1972	박사	한국어	5~10년	노보시비르스크 국립대 부교수
공이영	한국	여	1969	학사	생물학	3~5년	현지 선교사, 노보시비르스크 국립대 강사
소영미	한국	여	1970	박사수료	러시아어문학	3~5년	노보시비르스크 국립공대 객원교수 (국제교류재단 파견)
소경란	한국	여	1974	박사과정	러시아어문학	1년	노보시비르스크 국립사범대 대학원 재학 중
임 옐레나	러시아	여	1984	학사	한국학	1년	노보시비르스크 국립대 졸업생

노보시비르스크 고려인협회에서 공간을 제공하고 위와 같이 교사를
구성하여 한글학교를 운영하고 있다. 주러 한국대사관으로부터 한국
어 교재와 컴퓨터나 TV 등의 교육기자재를 지원받았는데, 이는 노보
시비르스크 고려인협회에서 한글학교를 주러 한국대사관에 정식으로

등록하였기 때문에 가능한 일이었다. 교사들은 무급으로 고려인 고등학생과 대학생들에게 한국어를 가르치고 있으며, 운영에 필요한 비용은 재외동포재단의 '재외한글학교 운영비지원'을 통하여 일부 해결하고 있다. 한글학교에 등록된 학생은 총 35명인데 공간이 협소하고 교사가 부족하여 더 이상의 수강생은 받지 못하고 있는 실정이다.

교재의 경우, 러시아 현지에서 개발된 한국어 교재들이 50여 종에 이르지만 대개 단계별, 수준별로 구성되어 있지 않고 남북한의 표현이 구분되지 않은 경우가 많아서 한글학교에서 잘 활용하지 않는 편이다. 한국의 여러 대학에서 개발된 한국어 교재를 이용하기도 하지만, 현지에서 구입하기가 쉽지 않고 러시아 사정에 적합하지 않은 내용이 많아서 다소 문제가 되고 있다. 한글학교에서 수강하는 고려인들은 경제적으로 넉넉하지 못한 경우가 많아서 한국에서 개발된 교재나 사전류를 구입하는 데에 곤란을 토로하기도 한다.

4. 결론을 대신하여

앞서 살펴 본 바와 같이 시베리아의 한국어교육은 아직 정착하는 단계에 있으므로 가능성과 한계를 동시에 드러내고 있다. 주된 원인은 역시 이 지역에 대한 한국 측의 관심과 지원이 부족하다는 점이다. 다음은 러시아의 권역별 재외공관과 재외교육기관의 현황이다.

[표 6] 러시아 권역별 재외공관 및 재외교육기관 현황(2008년 기준)

권역	도시	재외공관	한국문화원	한국교육원	한국학교
유럽러시아	모스크바	1	1	0	1
	상트페테르부르크	1	0	0	0
	로스토프나도누	0	0	1	0
시베리아	-	0	0	0	0
극동러시아	블라디보스토크	1	0	1	0
	하바롭스크	0	0	1	0
	사할린	0	0	1	0
합		3	1	4	1

위의 표에서 보듯이 시베리아 지역에는 교육, 문화와 관련하여 한국 측에서 개설한 기관이 전무하다. 재외공관 업무의 경우, 서시베리아는 주러 한국대사관(모스크바)에서, 동시베리아는 블라디보스토크 총영사 관에서 나누어 담당하고 있으나, 거리로 보아 관할 공관에서 현지 상황을 정확히 파악하기조차 쉽지 않을 것이다.5) 실제로 재외동포재단, 국제교육진흥원 등 국내 유관단체에서 시행하는 정부초청장학생, 재외동포초청장학생, 재외동포 모국방문 등의 각종 사업에서 시베리아 지역의 고려인들은 배제되는 일이 많다. 관할 공관이 멀기 때문에 유익한 정보를 얻지 못하는 일도 허다하다.

이처럼 시베리아에 교육, 문화와 관련된 한국의 유관 기관이 부재하기 때문에 현지 한국어교육의 정착 및 발전에는 한계가 있다. 한국어 교재나 사전은 물론이고, 한국 영화나 음악 등 교육을 위한 문화 자료

---

5) 2004년 한러 양국 정부의 합의에 따라 시베리아의 이르쿠츠크에 총영사관이 개설될 예정이다. 계획보다 많이 늦어지고는 있으나, 이르쿠츠크 총영사관이 개설되면 시베리아 지역 한인 사회의 발전에 크게 도움이 될 것이다. 아울러 시베리아 지역의 한국어교육이 안정적으로 성장하기 위해서는 한국문화원이나 한국교육원 등의 설치도 함께 이루어지는 것이 바람직하다.

등을 구비하는 것도 시베리아 지역은 러시아 타 지역에 비하여 불리한
형편이다. 한국교육과정평가원에서 주관하는 한국어능력시험의 경우
에도 유럽러시아 3개 도시(모스크바, 상트페테르부르크, 로스토프나도
누), 극동러시아 3개 도시(블라디보스토크, 하바롭스크, 사할린)에서
시행하고 있으나 시베리아는 지난 2005년부터 노보시비르스크에서만
시행하고 있다. 노보시비르스크에도 한국교육과정평가원과 직접 연결
될 공식 기관이 없어서, 주러 한국대사관을 통하여 시험을 시행하고
있다. 참고로 노보시비르스크에서 시행한 한국어능력시험의 지원자
현황을 제시하기로 한다.

[표 7] 시베리아 지역의 한국어능력시험 지원자 중 고려인 분포(단위－명)

	급수	전체 지원자	고려인	비고
2005년 제9회	초급	48	7	전체 113명 중 고려인 21명
	중급	52	13	
	고급	13	1	
2006년 제10회	초급	27	5	전체 62명 중 고려인 12명
	중급	26	4	
	고급	9	3	
2007년 제12회	초급	24	10	전체 75명 중 고려인 14명
	중급	38	2	
	고급	13	2	
2008년 제14회	초급	19	6	전체 60명 중 고려인 9명
	중급	36	3	
	고급	5	0	
합		310	56	총 4회

위의 표를 보면 전체 지원자나 고려인 지원자 모두 증가하는 추세
는 아님을 알 수 있는데, 이는 현지의 한국어교육과 관련한 업무를 전
담할 공식 기관이 부재하기 때문이다. 한국교육원이 위치한 유럽러시

아의 로스토프나도누는 한국어능력시험 지원자가 "28명(2006년), 75
명(2007년), 93명(2008년)"으로 급증하고 있어서 비교할 만하다. 북카
프카스 지역의 중심 도시인 로스토프나도누는 대학 등 정규교육기관
에서 한국어교육이 이루어지기보다는 한글학교 중심으로 한국어교육
이 이루어지고 있다. 표 1에서 보듯이 북카프카스 지역의 여러 도시에
6만 5천여 명의 고려인이 거주하고 있다. 이들은 한글학교를 매개로
현지에 한인 사회를 형성하고 있으며, 이 지역의 여러 도시에 산재한
30여 개의 한글학교를 연계하는 것은 로스토프나도누에 자리한 한국
교육원이다.

시베리아 여러 도시에 산재한 정규, 비정규 교육기관의 한국어 교사
들 중 전문성을 갖춘 이가 드문 것은 러시아 여느 지역과 다를 바 없
다. 국립국어원이나 국제교육진흥원 등에서 해외한국어교사 연수를
시행하고 있으나, 시베리아에는 한국의 공식적인 관련 기관이 없으므
로 이러한 행사를 유치하는 데에도 어려움이 따른다. 한인 사회가 아
직 크게 형성되지 못하고 있음을 감안하더라도, 향후 시베리아의 중요
성을 인식하여 이 지역에 대한 관심과 지원을 확대해가는 것이 바람직
하다고 할 것이다.

중국 산동 지역
한국어 교육에 관하여

지수용

1. 서론

　중국 산동 지역은 지리적으로 한국과 가장 가까운 지역이다. 이러한 지리적 특수성으로 말미암아 산동 지역은 오랜 옛날부터 한반도와의 교류가 빈번하였다. 특히 1992년 중한 수교 이후 산동 지역과 한국과의 교류는 더욱 활발한 양상을 띠게 되었는 바, 경제 협력을 기반으로 여러 분야로 교류가 확산되고 발전하면서 산동 지역은 중한 교류의 중심지로 부상되었다. 산동 지역과 한국과의 이러한 밀접한 교류 관계는 산동 지역에서의 한국어 인재 수요를 급증시켰으며 따라서 산동 지역은 중국에서 외국어로서의 한국어 교육이 가장 밀집된 지역으로 되었다. 한편 한국 기업의 산동 지역에로의 대거 진출과 그에 따른 한국인들의 대거 유입 및 조선족들의 대거 이주는 산동 지역에 동북 3성 다음으로 새로운 한겨레 사회가 형성되게 하였다. 새로 형성된 한겨레 사회가 자기의 정체성을 유지하기 위해서는 후대들에 대한 전통 교육이 무엇보다 중요한 바, 그중 모국어로서의 한국어 교육 역시 간과할 수 없는 부분으로 되었다. 따라서 현재 청도시를 비롯한 산동 지역의 연해 도시들에서 운영되고 있는 한국인 학교 및 조선족 학교에서는 한국어를 정규 과목으로 가르치고 있는데, 이러한 추세는 앞으로도 지속될 것으로 보인다.

보다시피 산동 지역에서의 한국어 교육은 외국어로서의 한국어 교육과 모국어로서의 한국어 교육으로 나뉜다. 그러나 본고에서는 외국어로서의 한국어 교육에 초점을 맞추어 교육 기관, 교육자와 학습자, 교재 사용 현황, 문제점 및 대안 등에 대해 포괄적으로 고찰함으로써 산동 지역에서의 외국어로서의 한국어 교육의 현주소를 진맥해 보고자 한다.

2. 외국어로서의 한국어 교육 현황

중국에서 외국어로서의 한국어 교육은 그 발전 양상에 따라 크게 두 단계로 나눌 수 있다. 첫 번째 단계는 1949년부터 1990년까지인데 이 시기는 중국의 한반도 정책이 북한을 중심으로 이루어지던 시기로서 국가 정책의 필요에 따라 고작 몇몇 대학에 한국어 학과가 설립되었었다. 두 번째 단계는 1990년대 이후부터 현재까지이다. 이 시기는 주로 한국어 인재 수요의 급증가에 따른 한국어 교육 기관의 대량 설립 시기라고 볼 수 있다. 산동 지역에서의 외국어로서의 한국어 교육은 이 두 번째 단계에 본격적으로 이루어졌다.

2.1 교육 기관

산동 지역에서 외국어로서의 한국어 교육은 90년대 초반부터 시작
되어 지금까지 줄곧 끝임 없는 발전을 거듭해 왔으며 교육 기관도 빠
른 속도로 늘어났다. 현재 산동 지역에는 한국어를 전공으로 가르치는
대학만 수십 개에 달하며 많은 개인 학원에서도 한국어 학습반을 정기
적으로 운영하고 있다. 다음은 산동 지역 내 한국어과를 설치한 대학
을 도표로 표시한 것이다.[1)]

[도표 1] 국립 대학(학제 4년)

	대학 명칭	도시	학과 소속 및 명칭	학과 설립 연도
1	山東大學	濟南	外國語學院 韓國語系	1992年
2	中國海洋大學	靑島	外國語學院 韓國語系	1992年
3	山東師範大學	濟南	外國語學院 韓國語系	1994年
4	煙臺大學	煙臺	外國語學院 韓國語系	1994年
5	靑島大學	靑島	外國語學院 韓國語系	1995年
6	山東大學威海分校	威海	韓國學院 韓國語系	1995年
7	魯東大學	煙臺	國際交流學院 韓國語系	1999年
8	濟南大學	濟南	外國語學院 韓國語系	2003年
9	哈爾濱工業大學威海分校	威海	外國語學院 韓國語系	2003年
10	濰坊學院	濰坊	外國語學院 韓國語系	2004年
11	靑島農業大學	靑島	外國語學院 韓國語系	2005年
12	曲阜師範大學日照分校	日照	東語學院 韓國語系	2005年
13	靑島科學技術大學	靑島	外國語學院 韓國語系	2006年

---

1) 도표에서 표시한 대학들이 전부가 아님을 여기서 밝혀 둔다.

| 14 | 靑島理工大學 | 靑島 | 外國語學院 韓國語系 | 2006年 |
| 15 | 山東工商學院 | 煙臺 | 外國語學院 韓國語系 | 2007年 |

[도표 2] 공립 전문대학(학제 3년)

	대학 명칭	도시	학과 소속 및 명칭	학과 설립 연도
1	山東科學技術職業學院	濰坊	外國語學院 應用韓國語	1997年
2	威海職業學院	威海	應用外國語系 應用韓國語	2000年
3	山東省靑年管理干部學院	濟南	外國語系 應用韓國語	2001年
4	日照職業技術學院	日照	外國語系 應用韓國語	2004年
5	靑島港灣職業技術學院	靑島	外國語系 應用韓國語	2004年
6	靑島職業技術學院	靑島	國際學院 應用韓國語	2004年
7	濰坊職業學院	濰坊	應用外國語系 應用韓國語	2005年
8	山東經貿職業學院	濰坊	應用外國語系 應用韓國語	2005年
9	山東旅游職業學院	濟南	旅游外國語系 應用韓國語	2005年
10	淄博師範高等專科學校	淄博	外國語敎育系 應用韓國語	2005年
11	中華女子學院山東分院	濟南	應用外國語系 應用韓國語	2006年
12	山東省農業管理干部學院	濟南	外國語系 應用韓國語	2006年
13	山東信息職業技術學院	濰坊	社科藝術系 應用韓國	2006年
14	山東商務職業學院	煙臺	商務外國語系 應用韓國語	2007年
15	靑島海川商務專修學院	靑島	商務韓國語	2007年

[도표 3] 민영 대학(학제 3년 내지 4년)

	대학 명칭	도시	학과 소속 및 명칭	학과 설립 연도
1	靑島東方外國語學院	靑島	韓國語系	1996年
2	靑島濱海學院	靑島	東語系 應用韓國語	1999年
		靑島	學歷外國語部 應用韓國語	2003年
		靑島	基礎部 應用韓國語	2005年
3	山東外事飜譯學院	濟南	外國語學院 應用韓國語	1999年
		威海	外國語學院 應用韓國語	2001年
4	靑島恒星職業技術學院	靑島	國際學院 應用韓國語	2001年
5	煙臺南山學院	煙臺	外事飜譯學院 應用韓國語	2002年
6	煙臺建文學院	煙臺	韓國語系	2003年

7	靑島求實職業技術學院	靑島	外國語學院 商務韓國語	2004年
8	靑島飛洋職業技術學院	靑島	韓國語學院	2004年
9	靑島新港報關學院	靑島	商務韓國語	2004年
10	靑島黃海職業學院	靑島	外國語系 應用韓國語	2004年
11	山東外國語職業學院	日照	外國語系 應用韓國語	2005年
12	靑島華爾文理學院	靑島	公共韓國語	2007年

위 도표들에서 보다시피 대학 교육을 위주로 하는 산동 지역의 한국어 교육 기관은 그 수량이 많고 형식과 층차도 다양하다. 그 중에는 국립 대학이 있는가 하면 공립 전문대학도 있으며 또 민영 대학도 있다. 이밖에 일부 야간대학2)과 정부에서 실시하는 자습대학3) 과정에도 한국어가 전공으로 설정되어 있다.

산동 지역에서의 한국어 교육의 지속적인 발전과 한국어 교육 기관의 급속한 양적 증가는 중국에서 불고 있는 한국어 배우기 열풍과 산동 지역의 특수한 지리적 여건과 밀접한 관련을 가지고 있다. 수년 전까지만 해도 중국 대학생들의 제2외국어 선택은 독일어와 프랑스어에 집중됐으나 이제는 한국어가 많은 학생들로부터 제2외국어로 사랑을 받고 있으며 전공으로 한국어를 선택하는 학생도 급증하고 있다. 동북아공동체연구회 주최로 열린 '중한일 언어문화 교류 확산을 위한 국제학술회의'(일시: 2008년 11월 5일/장소: 서울 롯데호텔)에 참석한 중국

---

2) 사회인이나 직장인 등을 대상으로 대학의 평생교육원에서 개설한 교육 과정이다. 학원들은 성인대학 입시를 통해 입학하며 그 운영 방식은 출근시간을 피해 주로 야간에 수업한다. 학원들은 규정된 학과목을 전부 이수하면 국가에서 인정하는 대학 학력을 가지게 된다.

3) 자습대학이란 학력고시를 위주로 하는 고등교육 국가고시 제도로서 개인 자습과 국가고시가 서로 결합된 고등교육 형식이다. 학생들은 거의 다 대학 입시 낙방생들로서 체계적인 학과목 수업을 받은 뒤 매 학과목의 시험에 합격하면 국가에서 인정하는 대학 학력을 얻게 된다.

국립 중국어홍보 판공실(공자대학 본부) 종합처 양진청 처장에 따르면 현재 중국에 한국어과를 설치한 대학이 183 곳이나 된다고 한다.[4] 산동 지역은 중한 교류의 중심지로서 당연히 한국어 배우기 열풍이 가장 뜨거운 곳으로 되었으며 근 4분의 1에 달하는 대학 한국어과가 이 지역에 집중되게 되었다.

2.2 교육자 및 학습자

학교 교육의 3대 요소는 학생, 교사, 그리고 교재라고 할 수 있다. 이 3대 요소 중 가장 중요한 요소는 교사라고 할 수 있는데, 교사는 교육을 담당하는 주체로서 교육 활동에서 가장 핵심적인 위치에 있다고 할 수 있다. 위에서 제시한 산동 지역 각 대학의 한국어과 교사들의 수량, 민족 비례와 전공 방향, 그리고 학력을 도표로 표시하면 다음과 같다.

[도표 4] 국립 대학 교수진

	대학 명칭	교수진(명)			전공 방향(명)	학위(명)		
		한족	조선족	한국인		박사	석사	학사
1	山東大學	2	5	2	한국언어문학 6 기타 3	7	1	1
2	中國海洋大學		8	2	한국언어문학	4	4	2
3	山東師範大學	8		2	한국언어문학 8 기타 2		8	2
4	煙臺大學	3	9	4	한국언어문학 13 기타 3	5	6	5

4) 중국 <흑룡강신문>(주간) 2008년11월15일호 제1면 참조.

		한족	조선족	한국인	전공 방향(명)	박사	석사	학사
5	青島大學		9	2	한국언어문학 8 기타 1	8	3	
6	山東大學威海分校	11	6	7	한국언어문학 21 기타 3	5	12	7
7	魯東大學	19	1	4	한국언어문학 20 기타 4	2	10	12
8	濟南大學	6	1	2	한국언어문학 7 기타 2		9	
9	哈爾濱工業大學威海分校		2	1	한국언어문학		1	2
10	濰坊學院	3		2	한국언어문학 3 기타 2		1	4
11	青島農業大學	2	3	2	한국언어문학	1	3	3
12	曲阜師範大學日照分校	5	2	1	한국언어문학 2 기타 6	1	7	
13	青島科學技術大學	2	3	2	한국언어문학 6 기타 1		4	3
14	青島理工大學	4	1	1	한국언어문학	1	4	1
15	山東工商學院	1	1	1	한국언어문학2 기타 1		2	1
합계		66	51	35	한국언어문학 133 기타 19	34	75	43

주: '기타'는 역사학, 경영학, 정치학, 교육학, 사회학, 신문학 등 전공을 포함한다.

[도표 5] 공립 전문대학 교수진

	대학 명칭	교수진(명)			전공 방향(명)	학위(명)		
		한족	조선족	한국인		박사	석사	학사
1	山東科學技術職業學院	4		10	한국언어문학 12 기타 2		3	11
2	威海職業學院	9	7	11	한국언어문학 21 기타 6		1	26
3	山東省靑年管理干部學院	4		5	한국언어문학	4	2	3
4	日照職業技術學院	5		6	한국언어문학 8 기타 3		1	10
5	靑島港灣職業技術學院	4	1	2	한국언어문학 4 기타 3		1	6

6	青島職業技術學院	4		3	한국언어문학 6 기타 1			7
7	灘坊職業學院	4		3	한국언어문학 6 기타 1			7
8	山東經貿職業學院	3		2	한국언어문학 4 기타 1			5
9	山東旅游職業學院	5	1	3	한국언어문학 8 기타 1			9
10	淄博師範高等專科學校	5		1	한국언어문학 5 기타 1		1	5
11	中華女子學院山東分院	4		1	한국언어문학 4 기타 1			5
12	山東省農業管理干部學院	2		2	한국언어문학 3 기타 1		1	3
13	山東信息職業技術學院	3		1	한국언어문학			4
14	山東商務職業學院	7	1	1	한국언어문학 7 기타 2		2	7
15	青島海川商務專修學院	3		1	한국언어문학			4
합계		66	10	52	한국언어문학 105 기타 23	4	12	112

주: '기타'는 정치학, 국제관계학, 대외중국어 등 전공을 포함한다.

[도표 6] 민영 대학 교수진

	대학 명칭	교수진(명)			전공 방향(명)	학위(명)		
		한족	조선족	한국인		박사	석사	학사
1	青島東方外國語學院	2	2	2	한국언어문학 4 기타 2			6
2	青島濱海學院 東語系	10	6	6	한국언어문학 19 기타 3	2	3	17
	青島濱海學院 學歷外語部	5	2	3	한국언어문학 9 기타 1		1	9
	青島濱海學院 基礎部	3	2	1	한국언어문학 5 기타 1		2	4
3	山東外事翻譯學院(濟南)	12	8	8	한국언어문학 22 기타 6			28
	山東外事翻譯學院(威海)	12	4	2	한국언어문학 16 기타 2			18

4	青島恒星職業技術學院	4	1	1	한국언어문학 6			6
5	煙臺南山學院	2	1	1	한국언어문학 4			4
6	煙臺建文學院	5	3	6	한국언어문학 10 기타 4			14
7	青島求實職業技術學院		11	3	한국언어문학 12 기타 2			14
8	青島飛洋職業技術學院	2	11	3	한국언어문학 12 기타 4			16
9	青島新港報關學院		5		한국언어문학 5			5
10	青島黃海職業學院	3	1	1	한국언어문학 4 기타 1			5
11	山東外國語職業學院	3		1	한국언어문학 3 기타 1			4
12	青島華爾文理學院		2		한국언어문학 2			2
합계		63	59	38	한국언어문학 133 기타 27	2	6	152

주: '기타'는 교육학, 경역학, 대외중국어 등 전공을 포함한다.

도표4, 5, 6에 따르면, 현재 산동 지역 대학에서 한국어 교육에 종사하고 있는 교사 수는 400여 명[5])으로서 90년대 초반보다 근 20배나 늘어난 셈이다. 특히 초창기에 조선족 교사에만 의거해 진행되던 한국어 교육이 현재에 이르러서는 수많은 한족 교사와 한국인 교사들의 참여로 다양화되고 더욱 활기를 띠게 되었다. 또한 한국어 교사들의 전공 방향도 한국언어문학을 위주로 하면서도 거기에 국한되지 않고 역사학, 경영학, 정치학, 교육학, 사회학, 신문학, 법학, 관광학, 국제관계학, 중국언어문학, 이공학 등 분야로 넓혀짐으로써 한국어 교육의 실제 수요에 더욱 접근해 가고 있다. 그리고 한국어 교사들의 학력도 초창기에 비해 훨씬 제고되었는데, 석박사 학위를 소지한 교사의 비율이 예

5) 사립 대학 교사 수와 한국인 교사 수에는 변수가 많기 때문에 정확한 수치로 표시하기 어렵다.

전과 비할 수 없을 정도로 높아졌다. 교사 자질을 평가함에 있어서 학력이 홀시할 수 없는 부분임을 감안할 때, 이러한 변화는 긍정적으로 평가되어야 할 것이다. 물론 고학력 소지자들이 유수의 국립대학에만 집중되어 있고 약 70%에 달하는 전문대학이나 민영 대학의 한국어 교육은 저학력 소지자들에만 의해 진행되는 상황은 시급히 해결되어야 할 과제라고 보아진다.

한 언어의 국제화는 무엇보다도 그 언어를 사용하고 있는 국가의 국력(경제적, 문화적, 군사적, 학문적 등등)에 달려 있다. 한국은 그 동안의 지속적인 경제 발전에 힘입어 국제 사회에서 그 중요성을 인정받게 되었고 중국과의 경제, 문화, 정치, 학술 등 다분야 교류와 협력을 통하여 중국인들에게 점점 가깝게 다가오게 되었다. 이로하여 중국인들은 한국어를 배우려는 실리적, 학문적, 교양적 동기가 생기게 되었고 중국 대륙에는 한국어 배우기 열풍이 일게 되었다. 한국어과 학생들이 한국어를 선택한 이유로 취업, 한국 유학 그리고 한국문화의 매력이 각각 1, 2, 3위를 차지하는 것은 중국에서의 한국어열이 그만큼 현실적 기반을 갖고 있음을 시사한다. 한편 한국 정부나 민간단체의 한국어 교육을 위한 물심양면의 지원도 이러한 열풍을 지속시키는 데 일조하고 있다.

한국어 열풍의 전초 지역에 위치한 산동 지역에서 한국어는 이미 영어나 일어 다음으로 인기가 많은 어종으로 부상하였으며 한국어를 전공하는 학생이 끊임없이 늘어나는 추세를 보이고 있다. 90년대까지만 해도 국립대학 한국어과에서 해마다 모집하는 학생 수는 20명 좌우에 불과했으나 지금은 50명 내지 100명 정도에 이르고 있다. 공립 전문대학 한국어과나 민영 대학 한국어과에서 해마다 모집하는 학생 수는 국립대학을 훨씬 초과하는 바, 한 해에 2, 3백 명씩 모집하는 학교가 적지 않다. 도표 1, 2, 3에서 제시한 대학 가운데의 대부분이 현재 2백 명 이상의 한국어 전공 재학생을 확보하고 있는데 이는 한국어가 산동 지역에서 차지하는 인기도를 그대로 말해 주고 있다.

산동 지역 대학들에서 배양하는 한국어 전공 인재들은 나름대로 자기 취향과 수준에 맞는 직장을 찾아 취직하는 게 가능하다. 이는 산동 지역에서 한국어 전공이 각광받는 가장 중요한 원인이기도 하다. 청도대학 한국어과의 경우, 설립되어서부터 지금까지 졸업생들의 취업율은 줄곧 100%를 유지해 왔고 학생들은 취직에서 다른 전공에 비해 선택의 여유를 가진다. 취업처는 일반적으로 규모를 갖춘 한국 회사(항공회사, 은행 등을 포함)나 한국어 전공을 필요로 하는 중국 회사 및 정부 부처 등이다. 청도대학에서는 한국어 전공 자습대학 과정도 운영하고 있는데 현재 350여 명의 재학생을 확보하고 있다. 한국어 전공 자습대학 과정을 마치고 국가시험에 통과되면 대학 학력을 취득할 수 있을 뿐만 아니라 자기 요구와 수준에 맞는 일자리도 찾을 수 있어 그야말로 일석이조의 행운을 누릴 수 있다. 이와 같이 산동 지역 대학들에서 육성하는 다양한 층차의 한국어 전공 인재들은 자신의 학력 및 취업 목표를 포함한 다양한 목표를 달성하는 동시에 사회의 다양한 수요에도 부응하고 있다.

2.3 교재 사용 현황

중국에서의 한국어 교육 발전은 교육 기관이나 교육자 및 학습자의 양적인 증가에서뿐 아니라 각종 한국어 교재 개발에서도 나타난다. 손정일(2005)에서는 중한 수교 이후부터 2005년 6월까지 중국에서 공식 출판된 한국어 교재가 160여 종에 달한다고 지적하였는데, 3년도 더 지난 오늘에는 아마 이 수자를 훨씬 초과할 것으로 추정 된다. 그럼 산동 지역 대학들에서 현재 쓰고 있는 한국어 교재들은 어떤 것들일까? 필자는 이와 같은 의문을 가지고 한국어 기초 교재들을 중심으로 산동 지역 각 대학의 한국어 교재 사용 실태를 조사해 보았는데 도표로 표시하면 다음과 같다.

[도표 7] 정독 교재

	교재 명칭	사용 학교
1	<標準韓國語>(1-3) 25所大學 共著 1996年	煙臺大學, 靑島理工大學, 威海職業學院, 靑島港灣職業技術學院, 濰坊職業學院, 山東經貿職業學院, 日照職業技術學院, 山東科學技術職業學院, 山東省農業管理干部學院, 山東信息職業技術學院, 山東商務職業學院, 山東省靑年管理干部學院, 靑島海川商務專修學院, 靑島東方外國語學院, 靑島求實職業技術學院, 淄博師範高等專科學校
2	<韓國語教程>(1-6) 延世大學韓國語學堂 編著 世界圖書出版公司 2007年	山東大學, 中國海洋大學, 煙臺大學, 魯東大學, 山東師範大學, 靑島科學技術大學, 靑島農業大學, 濟南大學(第5,6冊), 煙臺南山學院,靑島濱海學院(東語系/學歷外語部/基礎部), 靑島職業技術學院, 中華女子學院山東分院, 山東工商學院
3	<初級韓國語>(上, 下) <中級韓國語>(上, 下) <高級韓國語>(上, 下) 崔羲秀 等 編著 遼寧民族出版 2002年	靑島大學, 山東大學威海分校, 靑島飛洋職業技術學院, 靑島恒星職業技術學院, 靑島新港報關學院, 山東外事飜譯學院(威海), 煙臺建文學院, 靑島華爾文理學院, 山東省自習大學, 山東外國語職業學院
4	<韓國語>(1-4) 李先漢 等 編著 民族出版社 2000年	山東大學(第1,2冊), 濟南大學(第3,4冊), 曲阜師範大學 日照分校, 哈爾濱工業大學威海分校, 山東外事飜譯學院(濟南), 濰坊學院(第3,4冊)

| 5 | <大學韓國語>(1-2)
牛林傑 等 編著
北京大學出版社
2007年 | 濟南大學, 濰坊學院, 山東旅游職業學院 |

[도표 8] 회화 교재

	교재 명칭	사용 학교
1	<初級韓國語會話>(上, 下) 俞春喜 編著 延邊大學出版社 2003年	青島大學, 山東大學威海分校, 青島理工大學, 青島農業大學, 青島海川商務專修學院, 山東經貿職業學院, 煙臺南山學院, 青島飛洋職業技術學院, 青島新港報關學院, 青島華爾文理學院, 煙臺建文學院, 曲阜師範大學日照分校
2	<新標準韓國語>(初級/中級) 金重燮 等 編著 外語教學與研究出版社 2005年	濟南大學, 魯東大學, 青島職業技術學院, 山東省農業管理干部學院, 青島求實職業技術學院, 中華女子學院山東分院, 山東工商學院
3	<輕松學韓語> 가나다韓國語補習班 編著 北京大學出版社 2006年	濰坊職業學院, 日照職業技術學院, 山東信息職業技術學院, 青島濱海學院 基礎部, 山東外國語職業學院
4	<韓國語會話教程> 李民 編著 大連理工大學出版社 2005年	青島科學技術大學, 山東省青年管理干部學院, 青島港灣職業技術學院, 淄博師範高等專科學校
5	<大學韓國語會話教程> 張敏 等 編著 北京大學出版社 2006年	山東大學, 青島濱海學院 學歷外語部
6	<韓國語教程>(1-2) 延世大學韓國語學堂 編著 世界圖書出版公司 2007年	山東旅游職業學院, 山東外事飜譯學院(濟南)
7	<標準韓國語>(1-3) 25所大學 共著 1996年	濰坊學院
8	<新韓國語基礎教程>(上, 下) 金東漢 等 編著 2004年	青島東方外國語學院

[도표 9] 듣기 교재

	교재 명칭	사용 학교
1	<韓國語聽力敎程>(初級/中級) 李成道 等 編著 外語敎學與硏究出版社 2005年	山東大學, 靑島理工大學, 濟南大學, 魯東大學, 濰坊學院, 曲阜師範大學 日照分校, 靑島海川商務專修學院, 山東省農業管理干部學院, 山東省靑年管理干部學院, 靑島濱海學院 學歷外語部, 山東旅游職業學院, 山東外事飜譯學院(濟南), 靑島求實職業技術學院, 淄博師範高等專科學校
2	<韓國語聽力敎程>(初級/中級) 尹敬愛 等 編著 大連理工大學出版社 2005年	山東師範大學, 靑島科學技術大學, 靑島農業大學, 哈爾濱工業大學 威海分校, 山東經貿職業學院, 靑島濱海學院 基礎部,
3	<新視線韓國語敎程> 成均館大學 編著 北京語言大學出版社 2007年	靑島飛洋職業技術學院, 靑島新港報關學院, 靑島華爾文理學院, 中華女子學院山東分院, 山東工商學院
4	<韓國語聽力敎程> 金秀子 編著 上海外語敎育出版社 2007年	山東省靑年管理干部學院, 靑島港灣職業技術學院, 山東外國語職業學院
5	<韓國語聽力敎程>(1-2) 廉光虎 等 編著 北京大學出版社 2005年	靑島大學
6	<新標準韓國語>(初級/中級) 金重燮 等 編著 外語敎學與硏究出版社 2005年	中國海洋大學

[도표 10] 열독 교재

	교재 명칭	사용 학교
1	<韓國語閱讀>(初級/中級) 延世大學韓國語學堂 編著 世界圖書出版公司 2007年	山東大學, 靑島理工大學, 濟南大學, 魯東大學, 濰坊學院, 靑島科學技術大學, 靑島農業大學, 煙臺大學, 山東大學 威海分校, 山東師範大學, 山東省農業管理干部學院, 山東省靑年管理干部學院, 靑島港灣職業技術學院, 威海職業學院, 山東商務職業學院, 靑島濱海學院(東語系, 基礎部, 學歷外語部), 山東外事飜譯學院(濟南), 煙臺南山學院中華

		女子學院山東分院, 淄博師範高等專科學校, 日照職業技術學院
2	<韓國語中級敎程> 安炳浩 等 編著 北京大學出版社 1996年	山東外事飜譯學院(威海), 煙臺建文學院, 山東外國語職業學院, 山東省 自習大學
3	<韓國語泛讀敎程> 文英子 編著 상해교통大學出版社 2007年	山東旅游職業學院,, 山東經貿職業學院
4	<韓國語泛讀敎程> 徐永彬 등 編著 外語敎學與硏究出版社 2007年	山東信息職業技術學院

위에서 우리는 산동 지역 대학들에서 현재 사용하고 있는 정독 교재, 회화 교재, 듣기 교재, 열독 교재 등 한국어 기초 교재들을 학과목별로 살펴보았다. 도표 7, 8, 9, 10에서 보다시피 산동 지역 대학들에서 주로 쓰이는 한국어 기초 교재는 4가지 학과목을 합해 20여 종에 불과하며 그나마 사용율이 높은 교재는 몇 개밖에 안된다. 특히 가장 중요한 교재로 꼽히는 종합 교재도 5종에 그쳐 중국에서 이미 출판된 근 30종6)에 달하는 종합 교재 수자에 비하면 그 선택폭이 상당히 좁은 편이다. 이러한 현상은 교재 사용자의 선택에서 기인된 문제라기보다는 오히려 국내에서 출판된 종합 교재를 비롯한 한국어 기초 교재가 그만큼 사용자의 요구에 부응하지 못하고 있는 데서 초래된 결과라고 보아야 할 것이다.

---

6) 손정일(2005)에서는 중한 수교 이후부터 2005년 6월까지 중국에서 공식 출판된 한국어 종합 교재가 26종에 달한다고 지적하였는데, 지금은 적어도 30종에 이를 것으로 추정된다.

3. 문제점 및 대안

산동 지역에서 한국어 인기가 지속적으로 올라가고 한국어 교육열도 계속 뜨거워지고 있지만 한편 한국어 교육에 시급히 풀어야 할 과제도 적지 않다. 아래에 산동 지역 한국어 교육에 존재하는 몇 가지 문제점을 짚어보고 그 대안을 제시해 보고자 한다.

우선 지적해야 할 문제는 교육 기관의 양산과 그에 따른 교육질의 저하이다. 위에서 언급한 바와 같이 현재 산동 지역에는 한국어를 전공으로 가르치는 대학만 수십 개에 달한다. 하지만 대부분의 한국어과가 설립 역사가 짧으며 조건 미달 상태에서 장원한 계획 없이 덩달아 설립된 한국어과들도 적지 않다. 이러한 현상은 공립 전문대학이나 민영 대학에서 두드러지게 나타나는데, 심지어 돈벌이를 목적으로 한국어과를 운영하는 대학도 있다. 따라서 이러한 상황에서는 한국어 교육질 보장을 기대하기가 어렵다. 일각에서는 우후죽순처럼 생겨나는 한국어 교육 기관의 설립으로 언젠가는 한국어 인재가 포화될 때가 올 것이라는 우려의 목소리를 나타내기도 하지만, 필자가 보기엔 현재 시점에서는 이런 우려보다는 어떻게 하면 하루 빨리 우리의 한국어 교육질을 향상시킬 수 있겠는가 하는 점에 더욱 큰 관심을 가지는 것이 바람직하다고 생각된다. 한국어 교육에서 양만 추구하고 질을 홀시한다면 우리가 배양하는 학생들이 진정한 인재가 될 수 있겠는가? 이에 대한 대답은 불 보듯 뻔하다. 이러한 모순을 해결하기 위해서는 교육 기관의 깊이 있는 자아 성찰과 교육자로서의 양심과 책임감이 무엇보다도 중요하다. 교육 기관과 교육자들이 하나 같이 학생을 위하는 마음으로 한국어 교육에 임한다면 한국어 교육질도 따라서 올라갈 것이다.

한편, 한국어 교육 기관의 양산은 조만간에 우승열패의 경쟁을 초래할 것인 바, 이를 대비해 각 대학 한국어과들에서는 위치 정립을 잘 잡아 자기만의 특색과 우세를 살리면서 학과 건설을 진행해야 한다. 이렇게 하여야만 치열한 경쟁 속에 살아남아 유능하고 특색 있는 인재를 배출해 냄으로써 사회에 보다 많은 기여를 할 수 있을 것이다.

다음으로 지적해야 할 문제는 한국어과 교사들의 자질 향상 문제이다. 산동 지역에 서 비교적 일찍 나온 한국어과들, 예를 들면 산동대학, 중국해양대학, 연대대학, 청도 대학, 산동대학 위해분교 등 대학들의 한국어과에서는 10여 년의 노력과 발전을 거쳐 연령, 학위, 전공 방향 등 면에서 상대적으로 균형이 잡힌 탄탄한 교수진을 형성하였으 며 몇 년 전부터는 한국어 전공 대학원생까지 배양하고 있다. 하지만 근년에 설립된 대 부분의 대학들(국립대학을 포함)에는 교수진의 자질 향상 문제가 시급히 풀어야 중요한 과제로 대두하고 있다. 도표 4, 5, 6에서 보다시피 근년에 설립된 국립대학과 대부분의 전문대학 및 민영 대학은 교수진의 규모가 작을 뿐 아니라 교사 대부분이 저학력 소지자이며 이들 가운데는 또 젊은 한족 교사가 다수를 차지한다. 젊고 학력이 낮은 한족 교사들은 한국어 지식과 교육 경험의 부족으로 수업에서 부딪히는 여러 가지 문제들을 스스로 해결할 수 없어 고민할 때가 많으며 교육 연구 같은 것은 더구나 운운할 여지도 없다. 사실상 외국어를 4년 배우고 교육자로 대학 강단에 선다는 것은 지금과 같은 특수 상황(교육 기관은 자꾸 늘어나나 학식과 경험을 겸비한 교사는 태부족)에서나 가능한 것이다. 그리고 전문대학과 민영 대학에서 한국어 교육에 종사하는 한국인 교사들 가운데는 학력이 낮고 정규적인 한국어 교육을 받아 보지 못한 사람들이 대부분이다. 이것도 이런 대학

교수진의 자질 향상에 불리한 요소로 작용하고 있다. 따라서 우리는 현실을 정시하고 문제 해결에 힘써야 한다. 현 시점에서 볼 때, 이 문제의 해결은 해당 대학 당국의 관심과 배려, 그리고 교사 본인의 자질 제고 노력도 필요하겠지만 사회적인 측면에서 보다 전면적인 해결책과 모색이 필요하다고 생각된다. 한국에서 진행되는 한국어 교사 연수 프로그램을 국립대학에만 국한시키지 말고 공립 전문대학에까지 범위를 넓힌다거나 국내에서 해마다 열리는 한국어 교육 연토회에 보다 많은 전문대학이나 민영 대학의 교사들을 참가시킴으로써 그들에게 배움의 자리와 교류의 장을 마련해 주고 의욕과 성취감을 부여해 주는 것 등이 비교적 효과적이면서도 실시 가능한 조치가 아닐까 싶다. 이 밖에 한국어과 교수진의 민족 비례도 교사들의 자질 향상과 밀접한 관련이 있다고 보아진다. 도표 4, 5, 6에서 보다시피 현재 산동 지역의 많은 대학, 특히 전문대학과 민영 대학의 한국어과 교수진이 한족과 조선족의 비례에서 불균형을 보이고 있는데 이것도 조만간에 해결되어야 문제라고 생각된다. 만약 한국어과 교수진에 한족 교사와 조선족 교사가 적당한 비례로 포진된다면 서로의 자질 제고에 촉매제로 작용할 것이며 학생들에게도 유리할 것이다.

　마지막으로 지적해야 할 문제는 교재 문제이다. 위에서도 언급했지만 산동 지역 한 국어과들에서 현재 사용하고 있는 기초 교재들은 그 종류가 얼마 안 되며 그나마 몇 가지 교재에만 치우치고 있다. 이같은 문제는 결코 산동 지역 한국어 교육에만 존재하는 것이 아니다. 사실상 교재 문제는 중국 내 한국어 교육에서 시급히 해결되어야 할 과제이다. 현재 국내 한국어 기초 교재에 존재하는 문제들을 규납하면 다음과 같다. 첫째, 교재 편찬에 자의적 경향이 많고 교육자와 학습자의 의견을 여러 모로 수렴하여 체계적이고 합리하게 편찬한 교재가 적다. 둘째, 정독 교재에 초급과 중급은 꽤 되는데 고급이 적다. 필자가 알기로는 중국에서 출판된 정독 교재 중에 연변대에서 편찬한 교재와 연세대에서 편찬한 교재에만 고급이 있다. 이 두 가지 교재가 산동 지역 4년제 대학에서 많이 쓰이는 원인은 이 교재들이 초급부터 고급까지 일계열로 편찬이 되어 있기 때문이다. 물론 이 두 가지 교재에도 보완해야 할 부분들이 적지 않은데 전자의 경우 더욱 그렇다. 셋째, 중국에서 이미 출판된 회화 교재와 듣기 교재는 그 종류가 적고 표현이나 난이도의 장악에 일정한 문제가 있다. 예하면 산동 지역에서 가장 많이 쓰이고 있는 <韓國語聽力敎程>(初級/中級, 李成道 等 編著)은 전체적으로 좀 어려운 편이며 초급과 중급 사이에 난이도 차가 크다. 넷째, 교사들의 자습이나 비과에 도움이 되는 교사용 교재나 참고 서적이 결핍하다. 특히 학력이 낮고 교육 경험이 부족한 젊은 교사들을 배려한 교사용 교재나 참고 서적이 아주 적다. 다섯째, 3년제 전문대학이나 민영 대학을 대상으로 편찬한 맞춤형 교재(기초 교재를 포함)가 없다. 3년제 전문대학이나 민영 대학의 한국어과는 그 명칭부터 국립대학 한국어과와 다르다. 한국어과 명칭으로 쓰이는 "應用韓國語"란 말은 실용한국어란 뜻인데 이들 한국어과의 한국어 교육은 말그대로 '실용'에 중점을 둔다. 그리고 학제나 학과목 설정도 일반 국립대학 한국어과와는 다르며 학생들의 소질이나 능력도 국립대학 한국어과 학생들과 차이가 난다. 국립대학 한국어과에서 배양하는 인재가 '종합형' 인재라면 3년제 전문대학이나 민영 대학의 한국어과에서 배양하는 인재는 '전문형' 인재이다. 때문에 차별화된 교재 편찬이 요청된다. 도표 7에 3년제 전문대학이나 민영 대학의 한국어과에서 정독 교재로 <標

準韓國語>(1-3, 25所大學 共著)가 많이 쓰이고 있는 것으로 나타났
는데 이것은 이 교재가 이런 대학들의 한국어과 정독 교재로 완전히
적격이어서 그런 것은 아니다.

　교육에 있어서 교육 내용에 속하는 교재의 중요성은 자타가 공인하
는 바이다. 산동 지역 한국어 교재 사용 실태로부터 볼 때, 중국에서의
한국어 교재 문제는 생각보다 심각하다. 그러나 한국어 교육 현장에
몸을 담고 있는 중한 양국의 한국어 교육자들의 끝임없는 협력과 헌신
적인 노력으로 교재 문제는 하나하나 해결돼 갈 것이며 보다 훌륭한
교재들이 계속하여 햇빛을 보게 될 것이다.

4. 결론

　이상 교육 기관, 교육자와 학습자, 교재 사용 현황 등 세 부분에 걸
쳐 산동 지역에서의 외국어로서의 한국어 교육 현황을 살펴보았다. 그
리고 거기에 존재하는 일련의 문제점을 짚어 보고 그에 대한 필자 나
름대로의 대안도 제시하였다. 대학 교육을 위주로 하는 산동 지역의
한국어 교육은 90년대 초반부터 시작되어 중한 양국의 다분야 교류와
협력, 한국어 배우기 열풍의 확산과 더불어 지속적인 발전을 이루어
왔으며 오늘날에는 중국내 한국어 교육의 중심지로 자리매김하였다.
비록 요즘 중국의 인건비가 오르고 중국 경제 정책이 바뀌면서 한국
기업이 동남아 국가로 빠져나가거나 문을 닫는 현상이 나타나 한국어
교육열이 식지 않을까 걱정하는 분위기가 돌고 있지만 경제만이 한국
의 모두가 아니며 한국어 교육열도 일시적인 경제 사정으로 식어버리

지 않을 것이다.

　한국어 교육에 종사하는 교육자들의 끈기있는 노력이 있고 중한 양
국의 동반자 관계가 지속적으로 발전하는 한 산동 지역에서의 한국어
교육 전망은 여전히 밝을 것이다.

참고문헌

손정일(2005), <중국의 한국어교재>, <한국어교육론>, 한국문화사.
신향화(2007), <산동반도 내에서의 한국어 교육 현황과 전망>, <한국(조선)
　　　어 교육연구>, 민족출판사.

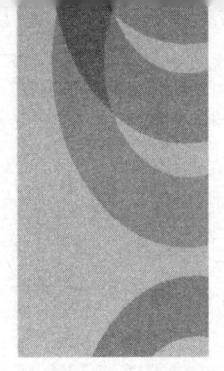

필리핀 대학기관의
한국어 교육 실태 분석

황인수

1. 들머리

이 글의 목적은 한국어 교육이 근년에 와서 더욱 활성화되어 가고 있는 필리핀공화국(이하 "필리핀"이라 칭함)내에서의 한국어 교육 현황은 물론, 필리핀 대학교에서의 한국어 교육 실태를 조사하고 분석함으로써 향후 그 전망을 밝히려 하는 데 있다.

다만, 용어의 정의상으로 볼 때, "한국어 교육"이라 함은

첫 번째, 그 대상에 따라 크게 두 가지로 구분할 수 있으며 그 중 하나는 필리핀 현지에 거주하는 한국인 동포를 대상으로 하는 한국어 교육이고 다른 하나는 한국인 동포가 아닌 필리핀인을 대상으로 한 한국어 교육이라 하겠다. 따라서 이 글에서는 전자가 아닌 후자를 중심으로 실태를 조사하고 분석하여 새로운 활성화 대책을 수립하고자

한다.

두 번째, 한국어 교육의 기관(한국인 공교육기관과 필리핀 공교육기관) 중 후자인 필리핀 공교육 중심 고등교육기관을 대상으로 중점적으로 연구하고자 한다.

특히 금년은 한국·필리핀 양국수교 60주년이 되는 해를 맞이하여 조사연구하게 됨은 그 의의가 매우 크다 하겠다. 한국·필리핀 수교 60년이 된 긴 교류기간이 지났어도 그간 필리핀에 대한 한국어 교육 실태 조사는 제대로 이루어지지 않았음은 그만큼 한국어 교육의 필요성이 적었다는 것을 뜻한다 할 수 있으며 역으로 말하면 필리핀 사람이 한국어를 배울 이유나 필요성이 없었다는 것이 될 수 있다. 이는 과거 60년간의 양국 경제성장면을 살펴보면 충분히 이해할 수 있는 점을 발견하기가 매우 쉽다. 1950년 6.25전쟁 당시 필리핀은 우리나라에 파병한 참전 16개국 중 3번째 나라이었으며 당시 GNP는 필리핀과 한국은 약 US$500:US$60으로 필리핀이 훨씬 위에 자리 잡고 있었다. 그러나 60년이 지난 지금은 약 US$1,700:US$20,000로 격차가 크게 뒤바뀌었음을 알 수 있으며 근년에 와서야 선진 한국으로의 송출 희망자 수는 급격히 증가하기에 이르렀다는 점을 이해하면 훨씬 접근하기가 용이하다.

따라서 한국어교육에 대한 연구는 미미할 수밖에 없었지만 그나마 2007년에 와서 처음으로 한국어세계화재단의 김명광 박사(논문: 필리핀 한국어 교육 현황 2007.09.10)와 이화여자대학교 인문학연구원이 주최한 "제4차 Korean 교육 연구 국제학술회의"에서 발표한 황인수 교수(논문: 필리핀 동포(한국인)교육의 현황과 개선 방안 2007.12.14)의 조사연구 등 모두 두 편정도 발표된 것이 최초의 연구조사라 할 수 있다. 이렇게 저조한 연구 결과의 이유에는 여러 가지가 있겠지만 가장 큰 원인이 대학 중심의 한국어가 활성화되지 않아 국내 관련 기관의 조사 대상에서 제외되었다는 사실을 간과할 수 없다. 더불어 필리핀에서 한국어 교육의 대상이 재외 동포 자녀를 대상으로만 한정되어 있었다는 점도 간과해서는 안 될 것이다.

그리고 정규 초중등한국학교(금년 9월 개교예정)가 세워지지 않은 상태에서 일시 혹은 영주거주 체류자들에 대한 한국어 교육이 한글학교 중심으로 비정규적으로 실시되어 있었다는 점도 큰 요인 중 하나이다. 바꿔 말하면 외국인을 대상으로 하는 한국어 교육은 이 지역에서는 거의 전무하다시피 하여, 이 지역의 한국어 교육에 대한 국내 학자 및 조사자들의 관심이 상대적으로 타 국가에 비하여 덜하게 된 것으로 보아야 한다.

그러나 2004년도 대한민국 노동부와 필리핀 노동부간의 외국인 근로자를 대상으로 한 M.O.U(Memorendom of understanding)가 맺어진 이후로, 한국어 교육의 중요성이 필리핀에서 획기적으로 매우 중요하게 부각되었다. 그 이유는 고용허가제상에서의 한국으로의 모든 취업 희망자는 한국어능력시험에 반드시 합격하여야만 송출될 수 있다는 조항 적용 때문이었으며, 법 효력 발생 이전의 1년 유예기간 동안에는 TESDA(Techical Education Skills Devolopment Authority)에서 자국민을 위한 한국어교육이 시작되었다.

따라서 이 글에서는 필리핀 자국민들을 위한 필리핀 고등교육기관 중심의 한국어교육 또는 한국학 교육 현황 파악과 분석을 통한 발전 방향 모색에 주안점을 둠을 먼저 밝혀 둔다.

2. 필리핀 한국어 교육의 현 단계

이 글에서는 필리핀인을 대상으로 한 교육기관(대학 포함)의 한국어 교육의 현 단계를 규정함은 향후 전망을 가름하는 데 중요한 역할을 한다. 일반적으로 한국어 교육의 단계는 크게 세 단계("한국어 교육 초기 단계", "한국어 교육 성장기 단계", 그리고 "한국어 교육 활성화 단계")로 나눌 수 있으며 필리핀의 현재 한국어 교육 단계는 "한국어 교육 초기 단계"에서 "한국어 교육 성장기 단계"로 접어들고 있는 과도기 과정 중에 있다고 본다. 이를 실수요자를 중심으로 뒷받침하는 근거 제시는 다음과 같은 맥락에서 함께한다.

(1) 한글학교 및 한국학교 설치 현황

필리핀 교민사회에서 활동하고 있는 교민수가 어느 정도인가에 따라 교민의 지위와 활동범위는 높을 수도 있고 좁혀질 수도 있으며, 교민 자녀 교육문제의 구심점이 되는 한글학교와 한국학교가 얼마나 있느냐와 있다면 얼마나 좋은 교육의 질을 제공하고 있느냐에 따라 한국어 교육의 단계 설정에 큰 영향을 미치게 된다. 2009년 6월 현재 필리핀 전역 중소도시에 골고루 분포되어 교민사회의 구심점 역할을 하고 있는 한글학교의 수는 총 12개 학교가 있으며 교원수 총187명, 학생수 총1,209명의 비교적 많은 한국어 수요자를 확보하고 있다. 대표적인 한글학교는 '필리핀한글학교'로서 1970연 8월에 개교한 역사와 전통을 자랑하는 명실상부한 한국어 교육기관이다. 특히 다음 달 14일 정규 필리핀한국학교(초중고등학교 과정)가 개교하게 되면 동포교육

으로서의 한국어교육은 제자리를 찾게 될 것이며 이와 같은 진척 사항
들은 필리핀 현지인들에게도 한국어 및 한국문화의 관심도 제고에 더
불어 직간접적으로 크게 기여하게 된다.

(2) 한국으로의 취업희망자의 증가

필리핀 현지인으로 한국에 근로를 희망하는 일반인(남여) 현황은 필
리핀에서의 한국어 교육의 실태를 파악하는 데 매우 중요한 요인들 중
하나이다. 이들은 한국 노동부와 필리핀 노동부 간에 맺은 M.O.U 협
정에 따라 한국에 취업을 하려면 한국어 시험을 반드시 응시해야만 하
기 때문에, 이는 잠재적인 한국어 교육 수요자이다. 이 잠재 수요자들
이 실제로 한국어 시험을 지원했다면, 이들이 한국어교육 실수요자
이다.

2004년 4월에 대한민국 노동부와 현지 노동부와의 M.O.U 협정 체
결에 의한 필리핀인 한국어 교육 실수요자수는 1년간의 유예기간을
포함하여 매년 폭발적인 증가추세를 보였다. 이는 송출예정인원보다
한국어능력시험 응시자수가 해마다 월등히 많아졌으며 한국어 교육의
단계를 상향조정하는 데 결정적 요인이 되었다.

(3) 필리핀 현지 투자 기업의 수와 현지 근로자 채용 현황

필리핀에는 많은 한국인 투자 기업이 진출해 있다. 대표적인 기업은
KEPCO(한전)현대중공업(조선), 삼성전자, LG, 대한항공, 아사나항공,
외환은행 그리고 개인기업(봉제)으로 Kay Lee Fashion 등이 있다. 이

가운데 현대조선의 경우 현지인 채용이 30,000명에 이르므로 해서 회사 중견간부와 현지인 근로자간의 원활한 의사소통을 위한 한국어 교육의 필요성이 대두되어 지금은 회사 자체 한국어교육원이 잘 운영되고 있다. 삼성전자 역시 자체 한국어 교육 Program을 운영하면서 근로자가 급별 TOPIK(한국어능력시험)인증서 취득에 따른 부가점수를 부여하고 있다. 이들이 곧 한국어 교육의 실수요자가 된다. 우리 기업들은 한국인뿐만 아니라 현지인들을 고용하는 경우가 많은데, 이 고용된 현지인들은 기업의 요구에 의하여 한국어를 배우려는 경향이 강하다. 따라서 해당 기업의 외국인 근로자들의 현황은 잠재적 수요자가 된다.

(4) 현지 한국어 관련학과 대학 설치 여부 및 학생 현황

현지 한국어 관련학과 대학 설치 여부 및 학생 현황을 파악하는 것이 한국어 교육의 수요를 파악하는 데 매우 중요하다. 왜냐하면 한국어 관련학과가 설치되고, 학생들이 수강을 한다면 이들이 바로 한국어 교육의 피대상자가 되기 때문이다. 그러나 여기에서도 몇 가지 개념 정립이 반드시 있어야 한다.

첫째, 한국어 관련학과가 전공학과로 설치된 경우

둘째, 한국어 관련학과가 교양과목으로 설치된 경우

셋째, 관련학과는 없으나 대학 부설 센터 등에서 한국어 교습과정이 있는 경우로 구분하여 보아야 하며 그 이유는

첫째, 한국어 관련 전공학과의 전공학생은 지속적인 한국어 수요자이지만

둘째, 이수학점이 없는 한국어 교습과정 수강자는 교육의 잠재적 수

요자로 분류할 수 없기 때문이다.

(5) 현지 사설 학원과 수강생 현황

필리핀 현지 사설 학원의 수강생 현황을 통해서도 한국어 교육의 수요자를 파악할 수 있다. 필리핀의 경우에는 이 학원들의 수를 비교적 정확하게 파악할 수 있다. 왜냐하면 이 학원들을 허가해 주는 기관이 바로 TESDA이기 때문이지만 그렇다고 해서 TESDA는 한국어 교육 과정, 시설, 교사 등 최소 자격 요건을 검토하는 기관 이외에 특정 학원의 수강생이 몇 명인지, 그리고 그들이 어떤 동기로 한국어를 배우고자 하는지에 대한 현황은 파악되지 않는다.

그러나 현지 사설 학원의 수강생들은 한국의 취업을 희망하는 현지인들이거나, 한류를 통해 한국 문화 및 한국어에 대한 호기심을 가진 자들이 대부분이기 때문에 이들의 수를 파악할 수만 있다면 교육실수요자 파악은 가능하다. 현재 필리핀에 26개의 사설 한국어 학원이 TESDA에 등록되어 있으며 그 가운데 4곳만이 한국인이 운영영하는 학원이다.

3. 대학(기관급) 중심의 한국어 교육 실태 분석

필리핀에서는 아직까지 한국어 교육학과가 개설된 대학교가 한 군데도 없기 때문에 구체적인 파악이 힘든 것이 사실이다. 한국어 교육과 설립을 위하여 다방면으로 노력한 흔적은 보이나 각 대학들이 필요성을 찾지 못한 관계로 한국어 교육과가 개설되는 것이 미진했다고 볼 수도 있다. 혹자는 한국어 교육학과가 설립이 활성화되지 못한 이유는 따로 있다고 주장하는 측도 있다. 곧 '한국어 교육 열풍이 대학과 대학 생들이 얻을 수 있는 이익이 직접적인 연관을 맺지 못하고 있기 때문 이다'라는 견해를 토대로 한다. 그러나 그것은 제도적 차원 곧 '고용허 가제 한국어 시험 대상이 원래의 취지(고용허가제 한국어 시험을 통과 한 사람은 누구나 한국에 올 수 있다고 하는 원칙)에서 벗어나, 대학을 졸업한 자는 1년의 취업 경력을 요구하는 조항이 세부 M.O.U 협정으 로 제시되었기 때문에 대학 졸업예정자들에게 직접적으로 혜택이 자 신들에게 오지 않기 때문이다'라고 주장하지만 이는 설득력이 없다. 왜냐하면 대학교에서 학문으로서의 한국어 교육과정 분야 개설을 외 국인고용허가제의 M.O.U 협정과 동일시 내지 동조하는 듯한 견해는 잘못된 견해임을 지적하고 싶다.

따라서 이 장에서는 한국어 교육기관 실태분석을 위한 자료 수집 대상을 한국어 교육관련학과 내지 학부를 가진 마닐라 소재 대학교 및 유관기관으로 하여

1) 정부 주도하의 교육기관이면서 고용허가제 한국어능력시험 대비 전문인 TESDA-LSI
2) 필리핀 일반인, 다문화가족, 직장인들을 위한 비영리한국어교육 기관인 정인한국어재단
3) 교양과정(3학점)한국어 및 한국문화 개설 현지 대학교인 UP, PWU
4) 필리핀 유일의 한국학 과정 개설대학인 IRC 등으로 하여 그간의

교육실태를 조사하고 분석하여 필리핀에서의 한국어 교육 방향
설정에 도움이 되고자 한다.

1. TESDA-LSI(Technical Education Skills Development Authority -Language Skills Institute)

TESDA는 필리핀노동위원회(POEA)의 산하기관으로 고등학교 이하
의 각종 학교의 인허가사무와 학원인가사무를 총괄하는 교육기관이
다. 전국적 조직체로서 12개 지역별 본부와 45개의 시단위지부를 갖춘
전국적인 기술교육총괄 단체이며 총 본부는 타귁City에 있다.

TESDA에는 EPS-KLT(Employment Permit System-Korean Language
Test)가 시행되기 이전 1년간 유예기간 동안 한국에 근로를 희망하는
자이면서, 한국 고용주들에게 채용이 확정된 사람들에 한하여 한국어
교육이 이루어졌었는데 바로 2005년 9월 11일 이전까지 산업연수생에
대한 교육을 실시하였으며, 한국어 교육 대상자 규모는 2005년도 12
월 기준으로 약 12,000명)이었다.

처음에는 정인 한국어 재단(비영리 법인, 법인 설립자- 황인수)에서
이 교육을 담당하였으며, 교육을 담당하는 한국어 교사는 한국 초중등
교사자격증 소지자 혹은 필리핀한글학교 교사로 하였으며, 교재 역시
정인한국어재단이 제작한 "기초한국어"를 사용하였다.

2007년 TESDA 내에 LSI가 새로 조직되면서부터 교사는 KOICA 봉
사단원과 필리핀 현지인으로 교체되었으며, 교육이수자 800여명은
EPS-KLT시험이 1년 8개월간 시행되지 못한 관계로 지금껏 응시조차
못하고 대기하고 있는 문제점을 갖고 있다.

※ 년도별/횟수별 고용허가제 한국어능력시험 현황(한국어세계화재단 '07자료)

횟수	응시인원	수험 인원	합격인원	합격률	시험 일자	협조기관	시험장소
1회	413명	407명	342명	84.0%	2005년 9월 11일(일요일)	POEA	TESDA
2회	2,821명	2803명	1,971명	70.3%	2005년 11월27일(일요일)	POEA	PICC
3회	6121명	3662명	6062명	60.4%	2006년 6월 4일(일요일)	POEA	UE 및 Adams대학

제4회고용허가제한국어능력시험(필리핀)(2006.10.29)					
전체		여성		남성	
총접수자	7586	총접수자	446	총접수자	7140
총응시자	7406	총응시자	441	총응시자	6965
총결시자	180	총결시자	0	총결시자	180
합격자	3800	합격자	285	합격자	3515
불합격자	3607	불합격자	156	불합격자	3451
합격률	51.29%	합격률	64.60%	합격률	50.45%
불합격률	48.71%	불합격률	35.40%	불합격률	49.45%

제5회고용허가제한국어능력시험(필리핀)(2007.05.06)					
전체		여성		남성	
총접수자	8402	총접수자	998	총접수자	7404
총응시자	8314	총응시자	984	총응시자	7330
총결시자	88	총결시자	14	총결시자	74
합격자	1688	합격자	310	합격자	1378
불합격자	6626	불합격자	674	불합격자	5952
합격률	20.3%	합격률	31.5%	합격률	18.7%
불합격률	79.7%	불합격률	68.5%	불합격률	81.3%

2. 정인한국어재단(Jung-In Korean Language Foundation)

정인한국어재단은 2003년 10월에 설립한 필리핀 최초이면서 유일한 한국어 및 한국문화 전문 교육재단이다.

교육대상자는 크게 두 가지로 구분한다. 하나는 한국 국적인으로 한국어를 배우려는 자(교민2,3세대)와 다른 하나는 외국인으로서 한국어를 배우려는 자(결혼)로 하며, 지도교사는 초중등교원자격증 소지자 1명과 제2외국어로서의 한국어교사자격증 소지자 2명 그리고 한국어능력시험 TOPIK 만점자 1명 등 4명이 근무하며 2명의 필리핀보조교사 등 총 6명이 교육을 담당하고 있다.

사용교재는 재단에서 제작한 "기초한국어"를 주로 사용하며 대학교 부설 한국어교육원 교재를 사용하기도 한다.

※ 지금까지의 교육실적

1) TESDA에서의 한국어 교육 : 2004년~2006년까지 12,000명 교육 후 한국 취업

2) 주필리핀공화국한국대사관 필리핀직원 한국어 교육 : 2005년 3개월 6명 이수

3) 외환은행마닐라지점 필리핀직원 한국어 교육 : 2007년 3개월 16명 이수

4) 필리핀여자대학교 한국어교육 교양과정(3학점) 교수 지원 : 2006년~현재

5) 한국교육과정평가원 TOPIK(한국어능력)시험 필리핀 시행기관 : 7회 시행(현재)

6) 한글학회 세계한국말인증시험 KLPT 필리핀 시행기관 : 4회 시행(현재)

7) 국립국어원/한국어세계화재단 "기초 한국어 초급" 따갈로그어판(4권) 번역 2007

8) 국립국어원 "기초 한국어 중급" 따갈로그어 판(종합판 1권) 번역
   2009년
9) 다문화 한글학교 개설 운영 : 2008년 4월~현재
10) 교류협정 : 이화여대 한국어문화연구소/다문화연구소
            선문대학교 한국어교육원
            영남대학교 국어교육과

3. UP(University Philippines-Dilliman)

U.P(국립 필리핀대학교)에서는 한국어 교육이 교양 과정으로 실시
되고 있다. 이 대학에서는 한국어 교육이 2001년부터 본격적으로 진행
되었다. 이 대학의 한국어 교육 현황을 살펴보면 다음과 같다.

(1) 교육과정
인문대학 언어학부에서 주관하는 한국어과정에는 한국어 기초반
(Beginner)과 중급반(Intermediate)과정이 있으며 강의는 KOICA에서 파
견된 봉사자가 맡고 있다.
가. Korean 10 : 기초 I   나. Korean 11 : 기초 II
다. Korean 12 : 중급 I   라. Korean 13 : 중급 II

(2) **재학생 현황**
가. Korean 10 : 18명   나. Korean 11 : 15명
다. Koreqn 12-13: 6명

(3) 수강생

가. 2009~2010학년도 학기별 30~40명이 수강

나. 2008-2009학년도 학기별 30-40명이 수강

라. 2001년부터 2008년 이전 : 학기별 15~30명 정도 수강

(4) 한국어교육추진사업

가. University of the Philippines 한국어웅변대회 개최

1) 1차~7차 대회 개최

2) 3차 대회부터 한국유학생의 필리핀어 웅변대회와 한국어웅변대 회를 함께 추진함으로써, 필리핀과 한국의 관계성 향상과 더불 어 일방적인 한국어 전달 교육 방식에서 한 발 더 나아가 상호 협력적인 분위기에서 한국어를 교육함으로서 교육의 시너지 효 과를 기대 함.

나. 필리핀 문화에 친화적인 한국어 교과서(대학용 교재) 개발

1) 한국과 필리핀의 언어와 문화 등의 유사점과 차이점을 비교 설 명하면서 한국어에 대한 흥미를 보다 효과적으로 유도하고 이 를 교육에 적극 활용할 수 있는 교재 개발.

다. 한국어 퀴즈 대회를 언어학과 설립 기념 주간에 개최 예정

1) 한국어 퀴즈 대회를 영어/현지어로 진행하여 아직 한국어를 모 르는 학생들에게 한국이나 한국어에 대한 흥미를 유발하도록 유도하여 한국어 학습의 동기를 부여함.

라. 지역 사회 대상 한국어 교육 프로그램 개발 및 개설

1) 일반 성인 대상 한국어 교육 프로그램을 개발하고 이를 지역 사 회에 개방하여 한류와 외국인을 위한 한국노동시장 개방에 따

른 일반인의 한국어 학습 요구에 부응하기 위함.

4. PWU(Philippine Women University)

한국의 이화여자대학교라고 볼 수 있는 PWU 대학은 필리핀 여자 대학교 중 가장 인지도가 높은 대학으로, 세계화의 물결에 발맞추어 사회 지도력 및 능력을 갖춘 여성들을 배출하고자 하는 목적으로 설립 되었다. 본 대학은 1919년 개교하였으며, 그 후 1932년에는 대학으로 써 정식 승인을 받았다. 설립 이후로 PWU는 여성들의 교육을 위한 다양한 부속학교와 학위 과정들을 운영해 왔으며, 1997년에 다양한 교 육의 질과 욕구를 충족시키기 위하여 남녀공학으로 전환 하였다.

가. 교양학부 과정으로써의 한국어 교육

교양학부 과정의 한국어 및 한국문화 과정은 SY2006~2007학기에 처음으로 Quzon 분교에서 개설되어 그 해 6월 17일 첫 강의가 시작되 었으며 고용허가제 한국어시험과 한류열풍으로 인한 한국어 공부 붐 이 일었던 것이 사실이나 만 3년이 지난 지금은 다소 열기가 주춤한 관망상태가 유지되고 있는 시기라고 보아짐.

1) 교육과정 목표는
  가) 한 과정이 끝나면 일기와 쓰기는 가능하며
  나) 한국어 기초문법을 익히고
  다) 300개 정도의 단어와 기초회화 문장을 습득하고
  라) 한국문화를 더 쉽게 접근하는 능력을 기른다.

2) 교육과정 편성 및 운영은

　가) 한 학년 교육과정 운영계획표를 작성하여

　나) 체험학습 위주와 시청각 교육을 통한 한국어 교육에의 접근

　다) 주당 수업시수는 4시간으로 하며

　라) 취득학점은 학기당 3학점(3Units)으로 한다.

3) 교육 평가는

　가) 학기당 3번의 평가를 하되, 지필평가, 언어실습평가를 반드시
　　포함한다.

4) 수강생의 수와 분포는

　가) 주로 호텔경영학과, 조리과 학생이 한국어. 한국문화에 대한
　　관심이 매우 높아 주를 이루고 있다.

　나) 소수의 학생은 한국으로의 유학을 위한 준비과정으로 선택하
　　는 경우도 있다.

5) 학생용 사용교재는

　가) 정인한국어재단에서 제작한 '기초한국어' 무상 제공하고 있음.

6) 우수학생 장학금 지급은

　가) 성적이 우수(1.25이상)하고 개근인 학생에게 정인장학금 혜택
　　을 주고 년 1회 한국대학시찰의 기회를 제공하고 있음.

5. IEC(International Evangelical College)

필리핀 내 한국어 교육이 활발하게 진행되고 있는 곳 중의 하나가 국제성결대학(International Evangelical College. 이하 'IEC'라 칭함)이다. IEC는 한국인에 의해 설립된 정규 4년제 사립 기독교 대학으로서 성서적 세계관을 바탕으로 지성과 영성을 갖춘 21세기의 동남아시아의 복음화에 선도적인 역할을 할 수 있는 탁월한 "Global Christian Leaders"를 배출하는데 목적을 두고 있으며, "세상(세계)을 변화시키자"라는 비전을 갖고 있다. 이 같은 특별한 목적과 비전을 품고 있는 IEC의 한국어 교육 및 학습과 관련한 제반의 내용을 간략히 서술하면 다음과 같다.

(1) 대학 및 한국학과 현황

국제성결대학(IEC/International Evangelical College)는 Sitio Bayugo. San Isidro. Antipolo City 1870 Philippines.에 위치하고 있다.

1996년 6월 10일 EHPBI(Evangelical Holines Philippines Bible Institution)로 개원하여 2005년 2월 24일 필리핀 문교부로부터 4년제 대학으로 정식 인가받아 현재 '성서학과', '목회학과', '기독교교육과', **'한국학과'**가 개설 운영되고 있다.

IEC의 제반의 **한국어 학습은 '한국학과'(Korean Study)를 중심**으로 이루어지고 있다. '한국학과'는 2006년 3월 22일 필리핀 문교부로부터 정식인가를 받은 학과로서, 현재 필리핀 내 1,000개의 대학 중에서 한국학 과정이 개설된 곳은 이곳 IEC가 유일하다. 한국학과의 설립 목적은 (1)탁월한 한국 언어 활용능력 향상 (2)한국의 역사, 정치, 경제, 사회, 문화, 종교 등에 대한 이해 확장 (3)국내외 한국기업에 취업 (4)한국과 필리핀 양국 사이 경제적인 측면에서 순기능적 교량역할을 수행하고, 나아가 기독교 선교의 잠재적 역할을 감당하게 데 있다.

2009~10학년도 1학기 현재, 한국학과 현황
(현재 4학년이 한국학과 1회 졸업생 예정임.)

구 분	학 생					교수/강사		
	1학년	2학년	3학년	4학년	계	교수	강사	계
인 원	26	20	12	4	68	8	4	12

(2) IEC 한국어 교육 및 학습 운용 상황

IEC의 한국학과를 중심으로 진행되고 있는 '한국어 교육 및 학습'은 을 기반으로 하는 한국학과 운용은 필리핀 내 한국어 학습을 돕는 일익을 감당할 뿐 아니라, 나아가 한국에 대한 진정한 이해와 우호적인 친한(親韓)의식을 기반으로 능숙한 한국어를 활용하는 자원을 양성하는 일에 상당한 기여가 있을 것으로 전망된다.

가. 교육목적(Goal)
(1) IEC 학생과 특히 한국학 전공 학생들로 하여금 한국 언어를 능숙하게 활용할 수 있도록 실력을 배양하는데 있다.
(2) 한국어 능력의 향상과 적합한 취업을 통한 개인의 인생의 목표의 성취와 자아실현에 직접적인 도움을 주는데 있다.
(3) 친한(親韓)의식의 소유와 기독교적 가치관 기반으로 한국과 필리핀 양국의 민간외교적 역할과 동시에 기독교 선교적인 가교역할을 잘 감당케 하며, 나아가 IEC의 궁극적인 비전인 '글로벌 리더'(Global Leader)로서의 사명을 감당케 하는데 있다.

나. 교육목표(Aim)

(1) 언어습득의 기본 범주인 듣기, 말하기, 읽기, 쓰기 등의 한국어 대한 종합적이고 균형잡힌 수행능력을 겸비토록 한다.

(2) 대학졸업 이전에 '한국어 능력'을 객관적으로 검증받을 수 있는 자격증(예/ TOPIK 자격증서)을 취득케 하여 실제적이고 구체적인 취업을 준비하게 한다.

(3) 위 두 가지와 연관하여, 한국어의 문어체(written language)와 구어체(speaking language)의 차이와 사용패턴을 잘 숙지케 함으로서 일상적 대화체에 친밀감을 갖도록 함과 동시에 수필을 비롯한 문학작품의 이해와 기본적인 공문서를 이해하고 활용하게 한다.

다. 교육내용(Curriculum)

(1) IEC 한국어(한국학과)에 대한 구체적인 교육내용은 한국의 전통과 문화 관련, 한국의 '속담'이 교육내용에 별도로 포함되어 있다.

(2) 정규 '한국어 학습' 과정은 초급(1학년), 중급(2학년), 고급(3학년), 생활한국어(4학년)로 단계적으로 시행되고 있다.

(3) 정규과목(units) 외에 한국학과 전 학년을 대상으로 주 3시간 "Practicum"(한국어실습) 수업을 진행하고 있다.

라. 교수·학습 과정(Teaching and Learning Process) 및 교수/학생

현재 IEC 한국어 교수 학습방식의 경우, 한국어 교수·학습에 대한 전문적인 재원의 절대부족과 한국의 상황과는 차이가 있는 학습자(필

리피노)의 인지·정서발달 수준과 역사·문화적 특성에 대한 종합적 이해가 부족한 실정이다. 이러한 맥락에서 다음의 몇 가지 사항에 중점을 두고 있는 것으로 나타났다.

(1) 교육학(기독교교육학) 전문가를 학과장으로 임명하여 한국어에 대한 체계적·단계적·효과적인 교수-학습을 위해 지속적인 연구와 정기적인 워크숍이 진행하고 이다.

(2) 필리핀생활방식 문화에 이해가 깊은 것을 기반으로 학습자 이해에 탁월한 자원을 초빙하여 한국어 교수자원으로 활용 중에 있다. 특히, 영어, 따갈로그어를 능숙하게 구사하는 한국인 교수 자원이어서 한국어 교수-학습에 탁월한 잠재력을 지니고 있다.

(3) 학습자들이 흥미있어 하는 한국영화/드라마, 노래, 간단한 게임을 통한 '흥미'와, '반복학습', '과제부여' 등을 균형있게 분배하고 상황에 따라 적절하게 활용하고 있다.

※ 2009~2010학년도 1,2학기 한국어 수업시간 및 취득 학점

구 분	1 학 기				2 학 기			
	1학년 초급(저)	2학년 초급(중)	3학년 초급(상)	4학년 중급(실)	1학년 초급(저)	2학년 초급(중)	3학년 초급(상)	4학년 중급(실)
학점/시간	3 / 3	3 / 3	3 / 3	3 / 3	3 / 3	3 / 3	3 / 3	3 / 3

4. 맺음말

우리말과 글은 이제 우리 대한민국 국민들의 고유한 전유물이 아닌

세계화시대의 국제 공용어와 글이라 해도 지나친 말이 아닐 정도로 널리 사용되고 있다. 필리핀 역시 예외는 아니다. 필리핀에서의 한국어 교육사는 비록 짧은 역사이었지만 그 효과는 다소 미흡한 점이 있지만 무한한 발전 가능성 또한 발견한 점은 큰 수확이라 본다. 어디에서나 우리말을 쉽게 하는 필리핀사람을 만날 수 있어 좋고, 어디를 가나 한국인임을 알면 쉽게 가까이 다가와 줘서 고마움을 느낀다. 이는 그만큼 우리의 국력이 강해졌다는 것과 우리 국민이 자랑스런 세계 속의 한국인임을 다시 한 번 일깨워주는 참으로 좋은 현상이다. 분석결과를 토대로 맺음말을 마무리하고자 한다.

첫째, 필리핀에서의 한국어 교육은 성장기로 들어서는 중에 있는 나라에 속함을 밝혔다. 많은 교민수와 한글학교 그리고 고용허가제 한국어시험 등 이제 성장기에 들어섰다고 할 수도 있으나 아직도 정규한국학교가 없고 대학에서도 전공교과로서의 한국어학과가 없다는 점 등은 선뜻 성숙한 성장기 단계에 들었다고 하기에는 다소 무리가 있음을 지적하였다.

둘째, 한국어 교육 관련 기관이 필리핀 정부주도하에는 TESDA-ESI가 있음을, 그리고 현지 대학들에는 UP, PWU 그리고 IEC가 있음도 밝혔으며, 필리핀내 비영리 한국어교육재단에는 정인한국어재단이 있음도 밝혔다. 정인한국어재단에서는 매년 실시하는 TOPIK 시험과 KLPT 시험을 주관하면서 한국어 보급에 기여하고 있음도 밝혀졌다.

셋째, 현지 대학 중에서도 정규 인가된 한국학과가 IEC 대학이 있음과 교양학부과정의 한국어과정(3학점) 또한 UP대학과 PWU 대학에 있음도 밝혔다. 고용허가제에 따른 일반 노동자를 위한 한국어교육과정 개설 내지 확대도 중요하지만 대학교에서의 학문탐구과정으로의 한국어 관련 교육과정 개설 및 확대는 한국어의 보급 확대에 미치는 영향은 더 중요하며 더 크다 하겠다.

넷째, 정부차원에서 지원하는 KOICA(국제협력단)자원봉사자(제2외국으로서의 한국어교원자격증 소지자)가 고용허가제를 위한 TESDA-LSI에 파견되고 있으며, 일부 대학에도 강의지원을 하고 있음도 밝혔다. 여기에서 음미해야 할 중대 사항은 대학에서의 한국어 강의와 일반 보통 교육기관에서 하는 강의는 동일시 될 수 없으며 그래서도 안 된다는 점이다. 따라서 강사도 물론 정규 교원자격증을 가진 자만이 대학 강단에 서야한다는데 동의하는 것만이 진정 한국어를 사랑하는 사람들의 국어 사랑이 아닐까?

태국에 사는 한국인들의
한국어 교육의 현황과 과제

홍혜련

1. 서론

태국은 메콩강을 경계로 미얀마, 라오스, 캄보디아와 접하면서, 동남 아시아의 중심부에 위치한, 남한 면적의 5배에 달하는 나라이다. 인구[1]는 약 6천 2백만 명 정도이며 타이, 중국인이 대부분이고 그 밖에 말레이, 라오스, 인디아, 그리고 버마인들이 그 나머지를 차지하고 있으며 태국어를 사용하고 있다. 그 중 많은 수를 차지하는 중국인의 구성은, 중국 남부지역에서 이주해 온 것으로 추측되는 타이족, 그리고 1920년대에 중국 공산당에 밀려 내려온 중국 국민당의 잔재로 남게 된 중국인이다.

이러한 태국이 한국과 외교관계를 맺은 지 올해로 50년이 되었다.

---

1) 태국 관광청 자료

태국에서의 한국어교육은 1986년 태국 남부의 송클라 대학교 빳따니 캠퍼스에 교양 과목으로 한국어가 개설되면서부터 시작되어 이십 년이 지나고 있는데 이 대학을 비롯하여 2008년 현재 7개 대학에 한국어가 전공으로 개설되어 있고 방콕에 있는 쭐라롱콘 대학교에는 한국학이 석사 과정으로 개설되어 있다. 그 외에도 부전공이나 교양 과목으로 각 지역의 대학마다 한국어가 개설되어 있고, 관광이나 비즈니스를 위한 일을 목적으로, 한국 배우나 가수가 좋아 순수하게 한국어를 배우려는 이들을 위한 어학원이 많이 있으며, 일년에 한두 차례 있는 한국어 노동자 시험에 대비하기 위한 한국어 교육기관들은 지방 곳곳마다 부지기수로 많다. 이처럼 태국인을 위한 한국어 교육이 다양하게 활성화 되고 있고, 태국에 이민을 오거나 국제학교에서 공부하기 위해 유학 온 한국인 학생도 많이 증가되고 있는 추세이다. 그래서 이들을 위한 한인국제학교, 토요 한글학교, 그리고 각 목적에 따른 한국어 교육이 태국의 여러 지역에서 이루어지고 있는 데 이제부터 태국에 사는 한국인에 대한 한국어 교육 현황과 그 과제에 대하여 생각해보기로 한다.

2. 한국인 및 동포 거주 현황

20세기 들어서 한국인이 태국에 들어와 정착하게 된 것은 1930년대 후반부터이다. 그 후 제2차 세계대전을 지나 1950년대 한국동란과 1960년대와 1970년대를 거치면서, 한국인의 태국 진출이 급증하였다. 특히 양국 간의 외교관계가 1959년에 수립되고, 양국 정부 정상급 인사의 상호 교환 방문을 비롯하여, 1961년 9월1일에 한·태 무역 협정, 1967년 7월의 항공협정에 이은 대한항공의 취항, 1974년 8월 이중관세방지협정, 그리고 1981년 11월 사증 면제협정 등의 체결은 두 나라의 정치적, 경제적 관계는 물론, 관광 등 문화적 차원에서 민간교류도 급증하게 만들었다. 김영애(2008)[2]에 따르면 태국에 진출한 한국 교민 중 민간인 세대를 크게 5세대[3]로 나누어 보고 있다.

이와 같이 여러 가지 이유로 태국에 오게 되었는데, 1950~60년대 태국과의 외교 관계가 수립되며 한국인 기업과 선교사가 진출하였고, 이어 현대건설의 태국 남부의 도로 건설을 계기로 경제, 문화, 스포츠 등 각계에서 여러 가지 목적을 가지고 태국으로 이주하였다. 또 1980년대 후반이래 한국의 해외개방정책에 따라 태국에 대한 한국인 관광객이 증가하면서 관광산업과 관련하여 진출한 교민들과 한·태 경제 협력 관계에 따라 주재하는 상사원들, 그 외에도 영어를 배우기 위해 태국에 있는 국제학교로 유학해 오는 유학생들이 살고 있다.

2008년 현재 태국에 사는 한국인 동포의 수는 2만 5천명 이상으로 추정하고 있다. 그 중에서 2만 여명이 방콕에 살고 있고, 제2의 도시인

---

2) 김영애, 2008, 1960~70년대 태국 사회 속의 한국인, 한·태 수교 50주년 기념 방콕 국제학술대회 발표문
3) 제1세대는 1930년대 후반에서 1945년 제2차 세계대전이 종전되던 해 사이에 태국에 자의건 타의건 진출한 세대들이다.
제2세대는 한국동란 이후 1960년대 초에 태국으로 간 세대이며,
제3세대는 1970년대에 태국에 진출한 세대들로 베트남전과 맥을 같이 한다.
제4세대는 한국 정부의 해외여행 개방정책으로 1980년대 후반 이후부터 태국에 진출한 세대이다. 1976~77년 경에 대우, 삼성물산 등 국제종합상사가 진출하며 교민진출이 활성화되었다.
제5세대는 2000년대 들어서면서 IMF로 힘들었던 경제 위기가 어느 정도 회복되고 한류열풍과 함께 태국에 진출한 세대이다.

치앙마이에는 3천명 정도가 살고 있으며, 나머지는 파타야나 푸켓 등의 지역에 각각 살고 있다.

3. 한국어 교육 현황

80년대 후반이래 한국의 해외여행 개방 정책에 따라 태국에 대한 한국인 관광객이 증가하면서 관광산업과 관련하여 교민들이 진출하고, 한국 투자 진출 및 한·태 경제협력 관계에 따른 상사원이나 주재원들이 거주하게 되면서 그들의 자녀교육문제가 대두되었다. 2000년대에 들어서면서 영어 교육을 위해 한국에서 방콕이나 치앙마이에 있는 국제학교4)로 유학하기 시작하였고, 2002년에는 태국 내 최초 전일제 국제한인학교로 방콕한국국제학교가 설립되었다. 이 학교는 초등과정과 중등과정을 포함하여 8학년제로 2008년 현재 145명의 학생이 교육받고 있다. 이들뿐 아니라 또 다른 기존에 있던 국제학교에 다니는 학생들도 많은 데 이들이 한국의 대학에 진학하기 위해서는 한국어 능력 시험5)을 치러야 한다. 그러기 위해서는 체계적인 한글 학교의 교육이 필요하며, 그렇지 않다 하더라도 한국민으로서 한국 문화, 예절 및 한국인으로서의 주체성을 가지기 위해 한국어에 대한 교육이 필요하게 되었다.

---

4) 국제학교에는 만 3세부터 만 6세까지의 유치원 과정과 만 7세부터 만 18세까지의 12학년 과정이 있다. 모든 수업을 영어로 진행하고 미국이나 호주보다 학비가 저렴하다는 이유로 한국에서 요즘 많이 유학 오고 있다.
5) 한국의 몇 대학에서는 오랫동안 외국에서 살았던 학생들에게 한국어능력시험에서 5급 이상을 요구하고 있다.

일반적으로 한국어를 배우려는 계층은 다음의 다섯 가지로 나눌 수 있다.

첫째, 한국인과 결혼한 사람
둘째, 한국에 취업하기 위한 사람
셋째, 주재원 자녀
넷째, 이민 온 자녀
다섯째, 유학생 자녀

이들은 또 한국어를 어느 정도 아는 경우, 한국어는 잘 모르지만 자, 모음 등 읽고 쓰기는 아는 경우, 그리고 한국어를 전혀 모르는 경우 등으로 나눌 수 있다.

태국에서의 한국인에 대한 한국어 교육은, 1964년 한국대사관에 '교민학교'란 명칭으로 토요 한글학교가 설치되며 그들의 자녀를 위한 한국어 교육이 시작되었는데, 2008년 현재 태국에서 한국어를 교육하는 기관의 현황에 대하여 구체적으로 알아보기로 하자.

방콕에는 방콕한국국제학교 내에 토요일을 이용하여 한글을 가르치는 방콕 한인 토요 학교가 있다. 또 방콕태국한인장로교회에도 토요일에 한글을 가르치는 한글학교가 있으며, 그 외의 지역에서는 치앙마이에 한글 학교가 있으며, 푸켓에도 한글학교가 있다. 이 외에도 종교단체 여러 곳에서 주말을 이용하여 한국어 교육을 하고 있으나, 지난 2008년 11월 14일과 15일에 방콕에서 창단되었던 재태한글학교 협의회6)에는 이 네 학교7) 관계자가 참석하였으므로 이들을 위주로 하여

---

6) 2008년 11월 14~15일 방콕에서 재태한글학교 협의회 창단식 및 교사 연수가 열렸다.

이야기해보고자 한다.

1) 방콕 한인 토요 학교

1965년에 재태한인회에 의하여 설립되었으며 현재 이사장은 김창복, 교장은 최진봉 선생님이다. 13명의 교사가 140여명 (유치부 25명, 초등부 103명, 중등부 12명)의 학생을 지도하고 있는데, 매주 토요일 9시부터 12시까지 3시간 30분간 수업이 진행된다. 교재로는 국제교육진흥원에서 보내준 국정교과서와 참고서, 그리고 문제집 등을 사용한다. 각종 행사로는 어린이날이나 어버이날, 추석이나 명절을 이용한 민속놀이, 그리고 경인교대 실습생과 더불어 멘토링 활동을 하고 있다. 방콕한국국제학교 내에 있으므로 그 시설을 이용하여 보다 다양한 수업이 가능하다. 현재 동남아시아 한글학교 협의회8)에 가입되어 있으며, 한국어능력시험 고사장이기도 하다.

2) 태국한인장로교회한글학교

2002년 1월에 방콕한인장로교회 내에 설립되었으며 김용섭 목사님

---

7) 태국에 있는 한글학교 현황

학교명	교사 수	학생 수	설립년도
방콕한인토요학교	13명	140명	1965년
방콕태국한인장로교회한글학교	7명	35명	2002년
치앙마이한글학교	3명	20명	2007년
푸켓한글학교	11명	40명	2003년

8) 동남아시아 한글학교 협의회 : 동남아 10개국 한글학교 연합회, 2006년 10월 말레이시아에서 창립되었으며 2007년 11월에 필리핀에서 제1회 교사 연수를, 2008년 10월 16~18일 인도네시아에서 제2회 교사 연수를 가졌다.

이 교장으로 있다. 방콕 중심지에 위치하고 있어 학교를 오가는 데 있어서 편한 이점이 있다. 교사 7명이 유치부 25명, 초등부 10명을 가르치고 있다. 다음 카페9)를 통하여 자료를 배부하여 토요일 만으로 부족한 교육을 보충하고 있다. 자체 제작한 교재로 교육하고 있다.

3) 치앙마이 한글학교

2000년 들어 부쩍 늘어난 국제학교 학생을 대상으로 2007년 정도연 목사님이 설립하였다. 짜른탐 음악센타10)의 시설을 이용하므로 평소에 피아노, 바이올린, 기타, 트렘펫 등 각종 악기를 배우던 학생들로 구성되어 자연스레 한글교육이 이루어지기 시작했다. 매주 토요일 9시부터 11시 30분까지 2시간 30분간 교육하며, 국제학교의 계절 방학 동안에는 현장 실습학습을 통하여 한국문화나 예절 등을 가르치고 있다. 현재 약 30명의 학생이 한글을 배우고 있으며 교재는 자체 제작하여 사용하고 있다.

4) 푸켓 한글학교

2003년 홍경환, 이미라 선교사에 의해 설립되었다. 매주 토요일 오전 10시부터 오후 2시까지 오전, 오후반으로 나누어 오전에 7명의 교사가, 오후에 4명의 교사가 교육하고 있다. 오후 수업에는 주로 한글을 통한 글자 게임이나, 음악, 체육 등의 특별 활동 수업이 이루어진다.

---

9) http://cafe.daum.net/kpcthkorean
10) 치앙마이 항동지역에 위치한 3층 건물로 여러 악기를 가르치는 음악센터이다.

4. 태국에 사는 한국인들의 한국어 교육에 대한 과제

1990년대 이후 태국과 한국간의 외교적 관계뿐만 아니라 한국 기업의 태국으로의 진출과 관광 급증으로 인하여 태국에 사는 한국인들은 나날이 증가하고 있다. 게다가 태국인과 결혼한 한국인의 자녀까지 합산한다면 더 많이 한국어 교육을 필요로 할 것이며 앞으로 태국에서의 한국어 교육은 보다 체계적으로 이루어져야 할 것이다.

앞에서 살펴본 바와 같이 대부분의 한글학교는 종교 단체에 소속된 기관이며 토요일 오전 시간을 이용하여 한국어 교육이 이루어지고 있다. 교사는 그 기관의 선교사님들이나 청년들의 봉사가 대부분이며, 간혹 국제학교의 교사들이 토요한글학교에 동참하기도 하였다. 한국 사람이니까 한국어 정도는 능히 가르칠 수 있다고 생각할 수도 있으나 한국어를 가르치는 일에는 어떤 자격과 많은 준비가 필요하다. 보다 체계적이고 교육의 질을 높이기 위해서는 교육 대상을 세분화하여 구분하고, 그에 맞는 교과 과정과 교육 자료로 교육이 이루어져야 한다.

그리고 학생들이 한국과 달리 서양권 학교에서 학교를 다니기 때문에 한국의 주입식 교육 방식이 적용될 수 없다. 그래서 교사는 학습을 도와주는 조력자로서 학생들과 눈높이가 같게 하여 스스로 대답을 찾도록 생각하는 힘을 길러주며, 획일적인 답보다 그 사고의 과정을 더욱 중요시하여 다양하게 유도하여야 한다.

또한 일반적으로 운영되고 있는 한글학교에서는 초등부, 유년부, 중등부 등으로 2,3개 학년을 통합하여 교육하고 있었는데 자칫하면 한국어 교육에 대하여 흥미를 잃거나 목적의식을 잃어버릴 염려가 있다. 이것은 가르칠 교사의 수가 부족해서인데 이제는 전문적인 교사 양성

이 시급하며 그들이 수업에만 전념할 수 있는 환경을 마련해주어야
한다.

교재는 한국에서 보내준 국정교과서를 사용하기도 하지만 이것은
일부 학교에만 해당될 뿐 대부분의 학교는 자체 제작하여 사용하고 있
다. 교재를 자체 제작하여 사용하게 되면 체계적인 학습이 연결되지
못하여 다음 단계로 가는 데 있어 어려움을 겪기 쉽다. 또한 교육 내용
도 일반적인 언어 능력의 학습에 치우치며, 동기유발을 하기 위해 재
미와 흥미 위주가 될 수 있는데, 장기적인 안목을 가지고 학문으로 교
육해야 할 필요가 있다.

또 국어, 수학으로 한정되어 있는 교육 과정에 사회, 역사 등 고국의
역사와 문화를 알려 한국인으로서 정체성을 확립하고 자긍심을 갖도
록 해야 한다. 특히 동남아에 살고 있는 학생들은 대부분 귀국을 전제
로 외국인으로서 거주하기 때문에 보다 한국인으로서의 정체성을 확
립할 필요가 있다. 한국어를 통해 문화의 정체성을 이해하고 현재 거
주하고 있는 현재 문화와의 차이점을 인식하면서 스스로 더 많은 것을
배우게 될 것이다. 이러한 과정을 통해 익히는 다양한 경험으로 인해
편견이나 선입견을 줄일 뿐만 아니라 좀 더 넓은 곳에서 사물을 구체
적으로 볼 수 있는 능력이 생겨 균형 잡힌 세계관 정립의 밑거름이 될
것이다.

매년 한국에서 이민을 오는 교민이 점점 늘어나고 있고 국제학교에
다니기 위하여 태국을 찾는 한국인이 많아지는 것을 보면 한글학교의
필요성은 점점 더 중요해지고 있다.

5. 결론

태국이라고 하면 동남아시아의 관광지 중 하나로만 생각하거나, 같은 아시아권에 있지만 우리와 무관한 나라라고 생각하기 쉽지만, 이미 오래 전부터 한국 교민들이 거주해왔다. 미국이나 일본, 중국에 사는 교민 수에 비하면 많지는 않지만 나름대로 열심히 살아왔고 이제는 한류와 더불어 태국에 사는 한국인들의 자긍심도 높아지고 있다.

이제까지는 주로 종교기관에서 경우에 따라 행해지고 있는 2세대를 위한 한국어 교육이 이제는 제대로 형식을 갖추고 이루어져야 한다. 각 지역에 있는 한글학교끼리 서로 연계하여 태국에서 적합한, 현실성 있는 교과과정을 설정하고 효과적인 교재와 교육 자료를 개발하여 일시적인 교육이 아닌 지속적이며 체계적으로 이루어지는 교육이 되어야겠다. 이제 막 창단되었지만 재태한글학교를 통하여 정기적인 세미나와 모임 등을 통해 한국어 교육에 대한 평가와 개선 방안을 논하고, 다변화되고 있는 세계의 이질적인 문화와 가치의 혼란 속에서 한국인으로서의 자각과 자부심을 고취시킬 수 있는 체계적이고 실효성 있는 교육이 이루어져야 한다. 특히 한국 현상에 대한 이해와 문화 교육을 통한 한국인으로서의 정체성 확립, 그리고 지역적 특성 및 대상자의 성격에 맞는 한글학교라는 형식 속에서 정식 교사와 정식 교재로 한국어와 문화 그리고 생활방식과 관습 등을 익혀 재외동포 2,3세에 대한 한국인으로서의 정체성을 확립하고 한국의 위상을 높였으면 한다.

■ 제2부 : 외국의 언어 정책 ■

일본의 공공언어 정책

송영빈

1. 들어가며

  일본의 공공언어 정책의 중심에는 한자 문제가 자리 잡고 있다. 중국과 마찬가지로 한자가 근대화의 걸림돌이 된다는 인식이 대두되면서 한자폐지, 한자제한, 로마자 채용 등 다양한 논의가 대두 된다. 결국 한자제한이라는 타협안을 선택하게 되고 이것이 실현된 것은 1946년이다. 그러나 한자 문제는 단순한 표기의 문제뿐 아니라 어휘에도 영향을 주는 것으로 한자어의 조어력이 한계에 이른 현재, 일본어는 이를 대신하는 외래어가 문제가 되고 있다. 외래어는 번역의 수고를 덜어주는 것이지만 일반 국민의 이해도가 떨어져 국민의 언어생활에 많은 부담을 주고 있다.
  이 글에서는 일본의 공공언어 정책의 흐름을 좌우해 온 한자와 외래어 문제를 정책과 정책 입안 주체라는 측면에서 살펴본다. 나아가 공공언어 정책의 목표가 표기와 어휘의 영역을 넘어 의사소통이라는 영역으로 확장되고 있는 일본의 현재의 동향도 소개하고자 한다.

2. 공공언어의 인식[1]

일본에 있어서 근대적 의미의 공공언어에 대한 필요성이 제기된 것은 서구 여러 나라와 마찬가지로 근대화와 맞물려 있다. 1858년 일본은 미국과 미일수호통상조약을 체결하여 개국을 한다. 이때부터 서구 열강에 비해 낙후된 일본의 현재를 자각하면서 서구화에 박차를 가하게 되는데 이때 규범화되지 않은 일본어가 서구 학문의 수용에 걸림돌이 된다는 인식을 갖은 사람들이 나타나게 되었다. 그 대표적인 인물이 마에지마 히소카(前島密)이다. 그는 1866년 당시 쇼군이던 도쿠가와 요시노부(德川 慶喜)에게 '한자폐지를 건의하는 이유'(漢字御廃止之議)라는 건백서를 제출한다.[2] 그 내용을 요약하면 다음과 같다.

---

1) 이 글의 2, 3, 4장은 송영빈(2008)「일본의 한자정책」『2008년 서울행정학회 춘계학술대회 발표논문집 [上]』서울행정학회, pp.316~318에 발표한 것을 수정 가필한 것이다. 또한 5장 이후의 내용은 2010년 3월 5일 국회에서 개최된 '공공언어 개선을 위한 정책토론회'를 위해 작성한 해외 사례 기조보고이다.

2) 漢字御廃止之議의 전문은 일본 국회도서관 홈페이지에 접속해서 근대 디지털 라이브러리에 들어가서 목록에서 国字国文改良建議書를 선택하면 볼 수 있다.

http://kindai.ndl.go.jp/BIImgFrame.php?tpl_wid=WBPD120&tpl_wish_page_no
=1&tpl_select_row_no=4&tpl_hit_num=12&tpl_toc_word=+%C1%B0%C5%
E7%CC%A9&tpl_jp_num=54014253&tpl_vol_num=&JP_NUM=54014253&
VOL_NUM=00000&KOMA=&tpl_search_kind=2&tpl_keyword=%C1%B0%
C5%E7%CC%A9&tpl_sort_key=TITLE&tpl_sort_order=ASC&tpl_list_num=2

(1) 국가 발전의 기본은 교육에 있으며 국민 교육을 보급하기 위해서는 학습 곤란한 한자와 한문을 폐지하고 공적 사적 문서를 가나3)로 써야 한다.

(2) 언문일치를 실시해야 한다.

(3) 이를 위해서 올바른 문법의 제정과 사전의 편찬에 의해서 표기의 혼란을 막아야 한다.

시급히 서구 학문을 수용하는 데 있어 한자가 걸림돌이 되고 있음을 지적하고 이를 해결하기 위해 한자 폐지만이 아니라 언문일치, 문법과 사전 편찬이라는 후속 조치가 있어야한다는 점을 강조하고 있다. 마에지마의 글이 중요한 의미를 갖는 것은 일본어 근대화 과정의 특징이 잘 나타나 있다는 점에서이다. 일본어의 경우 다른 서구 여러 나라가 표준어 확립, 언문일치, 정서법 확립이라는 과정을 통해 언어의 근대화를 이룬 반면, 일본어는 한자를 둘러싼 표기 문제(정서법 확립)에서 출발하고 있다는 점이 다르다.4)

1946년 내각 훈령에 의해 한자제한이 실시되기 이전의 일본어는 표준화된 한자 표기가 성립되어 있지 않아 표기에 있어서 극심한 혼란이 있었다. 하나의 한자에 다수의 훈이 존재하여 어떻게 읽을지, 어떻게 표기해야 할지에 대한 극심한 혼란 상태가 이어지고 있었다. 이러한 상황이 근대화의 출발점이라고 할 수 있는 의무교육을 통한 근대화에 맞는 인재의 양성에 걸림돌이 된다는 인식이 확산되면서 1800년대 후반부터 기나 긴 한자논쟁이 시작된다. 이러한 논쟁은 한자폐지, 한자

0&tpl_end_of_data=

3) 일본의 고유 문자를 가나라고 한다.

4) 노무라 마사아키 저 송영빈 역(2007) 『한자의 미래』커뮤니케이션북스, pp.56 -57.

제한, 로마자 사용, 나아가 프랑스어 공용어화론까지 다양한 주장이
제기되지만 군부를 시작으로 한 보수 세력에 의해 성공하지 못하고
만다.

　1945년 일본의 패전과 함께 국내에서는 민주화를 위한 열망이 고조
된다. 구시대의 무모한 전쟁은 국민이 군부의 독주를 방관했기 때문이
며 그 원인은 국민의 학습권을 빼앗은 한자에 있다는 인식에서 일본정
부는 한자제한에 나서게 된다. 그 첫 성과가 패전 이듬해인 1946년에
발표된 당용한자표(當用漢字表)이다.

3. 당용한자표

　1946년 한자제한을 목적으로 하는 '당용한자표'가 내각 고시에 의해
발표되면서 일본에서 처음으로 한자를 정책적으로 제한하게 된다.5)
'당용한자표'는 국민의 언어생활에서 사용하는 한자를 1850자로 제한
하는 것으로 자수를 2000자 이내로 정한 것은 그 이전 시대에 여러
조사6)를 통해 이 정도면 언어생활에 불편이 없을 것이라는 인식이 있

---

5) 물론 그 이전에도 여러 정책이 있었다. 예를 들면, 1901년 '한자 절감 표준'이
　제국교육회 국자(國字) 개량부 총회에서 의결되거나 1902년 문부성에 '국어
　조사위원회'를 설치 한자 조사에 나서고 이를 바탕으로 1923년 '상요한자표
　범례'가 관보에 발표되는 등이 그것이 이에 대해서는 鈴木俊二(2004)「日本
　における外来語政策ーその歴史と現在ー」『国際短期大学紀要19号』国際短
　期大学紀要編纂委員会를 참조.
6) 1922년 '상용한자표'가 문부성 임시국어조사회에 의해 만들어져 관보에 발표
　된다. 이는 한자제한의 입장에서 국민교육과 국민생활에 있어서의 한자의 부
　담을 경감시키기 위한 것으로 정부에서 처음으로 제정한 한자제한안이 된다.
　특히 이 표에는 1960자의 한자가 수록되었으며 획수가 많은 154개의 한자에

었기 때문이다. 한편, 당용한자표는 '당분간 사용하는'이란 '당용'이라
는 말에서도 알 수 있듯이 시험적인 것이었으며 언젠가는 개정한다는
것을 전제로 만들어진 것이었다. 그러나 '당용한자표'는 단순한 사용
한자의 제한만을 목적으로 한 것이 아니었다. 그 목적은 어디까지나
한자제한을 완성하기 위한 과도기적인 것으로 규정하고 있다. 머리말
을 보면 다음과 같은 내용이 나온다.[7]

> 一, 이 표는 법령·공용문서·신문·잡지와 일반 사회에서 사용하는 한자의
> 범위를 나타낸 것이다.
> 一, 이 표는 현재의 국민 생활에서 한자의 제한이 그다지 무리 없이 시행
> 되도록 하는 것을 기준으로 하여 선택한 것이다.

적용 대상을 법령, 공용문서와 같은 행정과 관련된 분야뿐만 아니라
일반 사회까지 포함하고 있다는 점에서 한자 제한이 국민 생활 전반에
걸쳐 이루어질 것을 명확히 밝히고 있다.
'당용한자표'의 '사용상의 주의 사항'을 보면 이 표가 단순한 한자제
한에 그치는 것이 아니라는 것을 알 수 있다.

> 가, 이 표의 한자로 자유롭게 쓸 수 없는 말은 다른 말로 바꾸거나 가나로
> 표기한다.
> 나, 대명사·부사·접속사·감동사·조동사·조사는 가능한 한 가나로 표기한다.
> 다, 외국(중국은 제외)의 지명·인명은 가나로 표기한다. 단 '米國' '英米' 등
> 과 같은 용례는 종래의 관습대로 하여도 상관없다.
> 라, 외국어는 가나로 표기한다.

대해 간자체를 정하였다.
7) http://www.konan-wu.ac.jp/~kikuchi/kanji/toyob.htm

마, 동식물의 명칭은 가나로 표기한다.

바, 아테지[8]는 가나로 표기한다.

사, 한자에 대해 부속적으로 발음을 표기하는 후리가나(독음 표시)는 표기
하지 않는 것을 원칙으로 한다.

아, 전문용어에 대해서는 이 표를 기준으로 정리하는 것이 바람직하다.

가, 마, 바, 아는 한자제한이 어휘에 대해서도 영향을 주는 것을 의
미하는 것으로 한자제한을 단어의 개혁으로 연결시키려는 강한 의지
가 보이는 항목들이다. 예를 들면, '아'의 경우, 1947년 문부성(현 문부
과학성)에 전문용어의 정리와 통일을 위한 학술문헌조사 특별위원회
학술용어제정과회를 설치하여 전문용어 정비에 착수한다. 당시까지의
전문용어는 각 학회별로 독자적으로 만들어 사용해왔는데 메이지시대
한학자에 의해 만들어진 난해한 용어가 많음은 물론 각 학회마다 다른
용어가 난립하고 있다는 문제점을 개선하는 목적을 갖고 있었다.[9] 실
천 방안으로는 전문용어에 대해 '당용한자표'에 의거 할 것을 권장하
여 '당용한자표'에 없는 한자 용어는 쉬운 한자 용어로 바꾸거나 '당용
한자표'에 없는 용어를 가나로 표기하도록 했다.

이러한 용어 통일작업에 대해서는 학회의 호의적인 협조에 의해 순
조롭게 개정작업이 진행 될 수 있었다.[10] 이러한 성과를 모은 것이

---

8) '아테지'란 일본어 고유어에 한자를 대응시킨 것으로 예를 들면, 일본어 '내일'
을 의미하는 고유어 'asu'에 대해 '明日'이란 한자를 대응시켜 고유어와 한자
어의 대응관계를 만드는 것이다.

9) 문부성이 각 학회와 공동으로 학술용어집이라는 이름으로 정비 작업에 들어
가 수학, 천문학, 물리학 등 현재까지 31개 분야의 학술용어집이 발간되었다.
이들 중 21개 분야에 대해서는 현재 온라인으로 검색이 가능하다.
http://sciterm.nii.ac.jp/cgi-bin/reference.cgi

10) 예를 들면, receiver에 대해 「レシーバ」「レシーバー」「受容機」「受容器」와 같
이 달리 쓰이는 용어에 대해 통일하는 것에 대해 긍정적으로 평가한 것이다.

1954년부터 『문부성 학술용어집』이라는 형태로 2003년까지 총 50권
이 발간되어 일본어 전문용어 표준화에 크게 기여하게 된다.

한편, 이러한 표에 없는 한자는 가나로 표기하는 것에 대한 문제 제
기 및 반발이 심해졌다.[11] 예를 들면 다음과 같다.

れんが(煉瓦:벽돌)   フッ素(弗素:불소)   たんぱく質(蛋白質:단백질)

괄호 안의 표기는 한자로 표기한 것이고 괄호 앞의 표기가 '당용한
자표'에 의한 표기인데 '벽돌'의 경우는 모두 가나로 '불소'와 '다백질'
의 경우는 가나와 한자를 섞어서 표기하게 되어 이에 대한 반발이 생
긴 것이다. 나아가 '당용한자표'에 없는 한자에 대해서는 '당용한자표'
에 있는 동일한 음의 한자로 바꿀 것으로 되어 있어서 다음과 같은 용
어들이 개정되게 된다.

拋物線 → 放物線   熔接 → 溶接   車輛 → 車両

이러한 바꿔쓰기에 의해 한자가 갖는 의미와 단어 속에서의 한자의
의미의 관련성이 더욱 없어지게 되는 결과를 초래했다. 한편, 이러한
바꿔쓰기는 기존 용어들이 매우 난해한 것이 많다는 점과 무엇보다 각
학회간의 용어의 통일이라는 관점에서 『문부성 학술용어집』은 각 학

---

11) 1969년 문부성 학술심사회 학술용어분과회의는 '학술용어 심사기준원칙'을
발표한다. 여기에 심사기준 원칙 5항에 "표기는 당용한자표에 의한다"라고
되어 이 조항을 적용하다보면 한자와 가나를 섞어 써야하는 경우가 발생하는
것이다. '학술용어 심사기준원칙'은 그 후 몇 번의 개정을 거치게 되는데 현
재에도 5항은 '당용한자표'가 '상용한자표'로 바뀌었을 뿐 그대로 있다.

회로부터 환영을 받으며 개정된 용어들이 확고히 일본 사회에 정착하게 된다.

전문용어 정비 사업은 2003년 『문부성 학술용어집-의학편-』을 끝으로 사업이 종료된다. 이렇게 된 배경은 그 동안의 작업을 통해 대학 수준의 교육에서 필요로 하는 기본적인 용어가 표준화되었다는 점이 있다. 표준화의 주체가 문부과학성이었다는 점에서 교육에서 필요로 하는 전문용어가 이제 정비되었다는 판단이 있었던 것으로 생각된다. 나아가 기초적인 분야를 제외한 전문용어가 더 이상 기존의 심의 방식으로는 대응할 수 없을 만큼 비약적으로 늘어나고 있다는 것도 요인으로 작용하고 있다. 또한 한자에 의한 조어력이 한계에 이르러 더 이상 번역을 통한 기존의 전문용어 생성 방식으로는 새로 생기는 전문용어에 대응할 수 없다는 것도 원인으로 작용하고 있다.

4. 상용한자표(常用漢字表)

'당용한자표'는 그 취지의 합리성, 일반사회의 표준적 언어사용을 가능하게 했다는 점에도 불구하고 기존의 표기 관습을 깨는 역할을 했다는 점에서 일부 보수적 학계 및 정치권으로부터 심한 반발을 사게 된다.

'당용한자표'가 제정된 시기가 연합군 사령부가 일본을 통치하던 군정시대였다는 점에서 오랜 동안 일본어를 풍부하게 해온 한자를 일본의 로마자론자들과 연합군 사령부가 야합해서 강제적으로 시행한 것이라는 근거 없는 비판이 쏟아지게 된다.[12] 결국 1961년부터 한자정

책을 담당하는 문부성 국어심의회 내부의 보수적인 위원 다섯 명이 심
의회의 구성에 불만을 품고 탈회를 선언하고 자민당 문교부회와 접촉
을 하여 문부성 장관에게 압력을 넣어 심의회의 성격을 바꾸게 한다.
그 결과 1962년 국어심의회령이 개정되어 국어심의회의 위상은 '건의
기관'에서 '자문기관'으로 격하되고 위원의 선출도 장관이 직접 하게
되었다. 그 후 개혁적인 성향의 위원은 오랜 동안 위원에 선출되지 못
했고 1966년 당시 문부성 장관이었던 나카무라 우메키치(中村梅吉)는
'국어시책의 개선에 대한 구체적 방법에 대하여'라는 자문을 통해 그
동안의 국어정책(한자제한을 포함)에 대해 전면 재검토를 표명한다.[13]

　1981년 '당용한자표'의 적극적인 한자제한 정책에서 크게 후퇴한
'상용한자표'가 내각 고시된다. 이 표는 '당용한자표'를 개정한 것으로
총 1945자를 수록하고 있다. '상용한자표'의 특징은 '당용한자표'가 표
방했던 '제한'의 색채를 없앴다는 점이다. '당용한자표'에서는 이 표가
한자 사용의 '범위'를 나타낸 것이라고 정의하고 있는데 비해 '상용한
자표'에서는 이 부분이 '대략적 범위'의 제시이며 국민이 언어생활을
할 때 '참고'가 되는 표라는 식으로 개정이 되었다. 나아가 이 표의 적
용 대상이 '과학, 기술, 예술 그 밖의 각종 전문분야나 개인의 표기까
지 영향을 주는 것은 아니다'라는 식으로 '당용한자표'에서 포함되었던
적용 대상을 제외했다. 이것은 사실상의 한자제한을 부정하는 것이다.

---

12) 이러한 일본의 보수 집단의 주장이 근거가 없다는 것은 여러 연구를 통해 밝
　　혀졌다. 그 대표적 연구로 J. Marshall Unger. 1995. *Literacy and Script Reform
　　in Occupation Japan Reading Between The Lines*. New York: Oxford University
　　Press가 있다.
13) 노무라 마사아키 지음/송영빈 옮김(2007) 『한자의 미래』커뮤니케이션북스.
　　97쪽.

이 시점에서 일본의 한자정책은 적극적 제한을 포기하게 된다.

그러나 1946년 제정된 '당용한자표'는 국민의 일상생활은 물론 관공서에서도 적극적으로 수용되어 이 표를 통해 일본어는 1945년 이전과 비교해서 비약적으로 쉬워졌으며 국민의 읽기 쓰기 능력은 교육의 보급과 더불어 비약적으로 향상되었다.

현재, 일본의 신문과 잡지에서 사용하는 한자는 대략 4,000자 정도이다. 즉 당용한자표이든 상용한자표이든 2,000개 정도의 한자로는 이들을 충분히 표기할 수 없는 것이다. 물론 점유율이라는 관점에서 보면 이들 약 2,000개의 한자가 99%를 차지한다고 해도 한자와 가나를 섞어 쓰는 현재의 표기를 포기하지 않는 한 한자로 표기하려는 욕구는 언제든 존재하게 된다. 한자로 쓸 수 있는데 못 쓰는 답답함이 존재하기 때문이다. 또한 '당용한자표'와 '상용한자표'가 제정될 당시에 설득력 있는 이유 중에 하나였던 한자는 쓰기 어렵다는 주장은 정보화의 영향으로 표면적으로는 설득력을 점차 잃어가고 있다. 이제는 한자는 쓰는 것이 아닌 치는 것으로 변했기 때문이다.

'상용한자표'를 결정적으로 무력화시킨 것은 1978년에 통산성 공업기술원에 의해 '한자에 관한 일본공업규격'이 제정되면서부터이다.[14] 이것은 어디까지나 '정보교환용 한자코트'라는 목적에서 만들어졌다. 쉽게 말하면 인쇄업자끼리의 한자 교환을 원활히 하기 위한 한자 코드의 통일이었다. 그러나 이것이 정보기술의 발달로 컴퓨터에 탑재되기 시작하면서 일반사회에서의 '상용한자표'의 의미는 점점 약화되게 된다. 이러한 것을 배경으로 상용한자표 1945자에서 「銑」「錘」「勺」「匁」

---

14) 일반적으로 'JIS한자'라고 부르는 것으로 제1수준 2965자, 제2수준 3384자의 코드를 정한 것이다.

「脹」을 빼고 196자[15]를 추가한 2136자의 '신상용한자표(新常用漢字表)'가 2009년 11월 10일 문부과학성 문화심의회 국어분과회에서 승인되어 2010년 내각 고시될 예정이다.[16]

'신상용한자표'에서 추가된 196개 한자에 대해 일본방송협회(NHK) 방송문화연구소가 고등학교 3학년 학생 11,494명을 대상으로 어느 정도 읽을 수 있는지를 조사한 결과가 있다. 출제는 한자가 아닌 단어 단위로 했으며 총 353문제를 출제하여 시험한 결과 평균 정답율은 67.3%였다고 한다. 오답률은 18.1%였고 무응답이 14.6%였다. 한편, 정답률 80% 이상의 문제가 173문제(49.0%), 50%만이 108문제(30.6%)였다. 정답률이 낮은 문제는 「陶冶」「招聘」「領袖」「進捗」「忌憚」「廋身」「間隙」였다.[17]

'신상용한자표'에 대한 읽기 능력 조사에서 평균 67.3%의 정답률을 높은 것으로 볼 것이냐 낮은 것으로 볼 것이냐는 입장의 차이에 따라 다를 것이다. 그러나 이것을 표음문자를 사용하는 언어와 비교하면 매우 낮은 것으로 볼 수 있다. 또한 고등학교 3학년 학생이라는 점에서 성인의 언어 세계를 반영하는 것이라고 할 수 있다. 여기에서 쓰기 능력이 아닌 그것도 단어 차원에서 읽기 능력을 측정한 결과라고 할 때 과면 196자를 추가할 필요가 있었는지에 대해 근본적인 의문을 제기

---

15) 추가되는 한자에 대해서는 http://www.bunka.go.jp/kokugo_nihongo/bunkasingi/ kanji_37/pdf/sanko1.pdf를 참조.

16) 문부과학성 문화심의회 국어분과회의 그간의 활동 및 신상용한자표 제정 경위에 대해서는 문부과학성 문화심의회의 사이트를 참조. http://www.bunka.go.jp/kokugo_nihongo/bunkasingi/index.html

17) NHK放送文化研究所(2009) 「高校3年生は、「新·常用漢字」をどのくらい読めるか(1)~「全国高校3年生·感じ認識度調査(11,000)人回答」集計報告~, 『放送研究と調査』, NHK放送文化研究所, p.38.

하고 싶어진다.

　문제는 이러한 평균 정답율의 196개의 한자가 무려 10년 이상의 세월을 들여 문부과학성이 심의한 결과라는 점이다. 196개의 한자를 추가했어도 아직도 신문과 잡지에서 사용되는 한자의 반 정도는 아직 표에 들어있지 않다. 이것들을 추가하려고 하면 앞으로 얼마나 세월을 기다려야 되는지 보수파에 있어서는 답답함을 느낄 것이고 진보파에게 있어서는 NHK방송문화연구소의 조사에서도 밝혀졌듯이 글자를 늘리는 것이 무의미함에도 불구하고 한자를 늘리려고 수많은 시간과 노력을 들이는 것이 무의미하게 느껴질 것이다. 문제는 이러한 작업에 대해 비판의 목소리를 낼 수 있는 학자들을 철저히 배제하며 추가 작업이 이루어졌다는 점이다. 또한 이러한 추가 작업에 대해 국민 대다수가 아무런 문제의식을 갖고 있지 않다는 점이다.

　'신상용한자표'에 대한 일반인을 대상으로 한 의견 수렴 결과를 정리한 내용들을 보면 음과 훈을 추가하는 것에 대해 비판적인 목소리도 있으나 대부분 더 추가해야 한다는 의견이 압도적으로 많다.[18] 문제는 앞으로도 이러한 한자의 추가가 가능한 상황에 놓여있다는 점이다. 문부과학성에서는 반대파를 심의회에서 사전에 배제한 상태에서 심의가 진행되었다. 반대의 목소리를 낼 수 있는 사람들을 배제하면서 한자 추가 심의가 이루어진 것이다. 현재의 상황을 보면 일본어 개혁에 대한 정부의 의지는 없어 보인다. 이러한 일본의 보수화 움직임은 다른 측면에서 언어생활에 큰 문제점을 낳고 있다. 외래어의 범람이 바로 그것이다.

---

18) http://www.bunka.go.jp/kokugo_nihongo/bunkasingi/kanji_37/pdf/sanko3.pdf

5. 외래어의 범람

한자를 이용한 번역이 한계에 이르자 이를 대신하는 것이 외래어가
되었다. 현행 외래어 표기의 기본이 되고 있는 것은 1991년 '외래어의
표기에 관한 내각 고시 제2호'[19]이다. 이것은 1952년에 만들어진 외래
어 표기 안을 개정한 것으로 개정이 이루어지게 된 배경에는 외래어
표기를 둘러싼 표기의 혼란이 있었기 때문이다. 예를 들어, 다음과 같
은 단어들이 복수 표기되는 상황이 심화된 것이다. 참고로 괄호 안은
일본어 발음의 한글 표기이다.

[도표 1] 외래어 표기의 혼란

영어	일반 표기	변형 표기
team	チーム(치이무)	ティーム(테에무)
whisky	ウイスキー(우이스키)	ウィスキー(위스키)
telephone	テレホン(테레혼)	テレフォン(테레훤)

이러한 복수 표기가 범람하게 된 원인은 오랜 동안 관습화된 표기
를 우선할 것이냐 원어발음에 가까이 표기할 것이냐에 대해 합의가 이
루어지지 못했다는 점이 있다. 1991년 개정에서는 외국어 학습자의 증
가에 의해 국민이 원어에 가깝게 발음할 수 있게 되었다는 점을 고려
원음주의 표기를 채택하였다. 그러나 이러한 개정에 의해 표기의 혼란
이 더욱 증가하게 되었다는 비판의 목소리도 높다. 그 원인은 1991년
고시 머리말에 의하면 외래어 표기에 있어서 이 기준이 어디까지나

---

19) http://www.bunka.go.jp/kokugo/main.asp?fl=show&id=1000001774&clc=
1000000068&cmc=1000003933&cli=1000004647&cmi=1000001768

'참고(よりどころ)'가 될 수 있도록 한다고 적혀있는 데 있다. 나아가 그 적용 대상에 대해서도 전문분야나 개인의 표기, 고유명사 표기를 제외하고 있다는 점이다. 이것은 정부가 전문분야나 개인의 표기까지 규제하지 않는다는 것을 의미하는 것이며 '당용한자표'에서 '상용한자표'로 이행하는 과정에서 나온 정부의 방임적 태도와 맥을 같이 하는 것이라고 할 수 있다. 즉 공공언어에 대한 정부의 기본 입장은 어디까지나 의견의 제시이지 개인과 사회의 표기 및 용어 사용을 규제하는 것이 아니라는 점을 강조하고 있는 것이다.

전통적으로 분권과 화합을 중시하는 문화에서 정부 주도의 강력한 정책의 추진이 어려운 측면이 일본에는 있다. 예를 들어, '성인병'이라는 용어가 '소아당뇨' 등 나이에 상관없이 생활 습관에 의한 것이라는 점에서 타당하지 않다는 의견이 1970년대에 제기되어 '성인병'을 '생활습관병'으로 바꾸기로 했지만 그 시행은 30년 뒤인 2000년대에 들어 실현되었다. 즉 관습의 존중과 그 용어를 배우며 자란 사람들이 사회 일선에서 물러날 때까지 기다리는 화합이란 방법을 취한 것이다.

관습의 중시는 지속적인 정책 추진과 신중한 접근을 통해 높은 성과를 올린다는 장점이 있다. 그러나 한편으로는 여러 가지 문제를 낳고 있다. 예를 들면, 신문과 같은 공공성이 강한 부분에서도 표기의 혼란이 쉽게 발견된다는 것이다. 예를 들어, '바이올린'은 일본어로는 'バイオリン'과 'ヴァイオリン'의 두 가지로 표기되는데 이에 대한 표기 실태 조사를 보면 다음과 같다.[20]

---

20) NHK放送文化研究所(2002)「どうする？外来語の表記と発音～放送と外来語 全国調査(3)～」『放送研究と調査』NHK放送文化研究所, p.55.

[도표 2] 'バイオリン'과 'ヴァイオリン'의 사용빈도

	バイオリン	ヴァイオリン
朝日新聞	6,342	505
読売新聞	3,559	384
毎日新聞	5,106	452
Yahoo!	82,200	85,000
goo	51,251	46,676
Google	133,300	123,000

신문의 경우는 관습적으로 사용하는 표기가 압도적으로 많은데 비해 인터넷 공간에서는 양쪽이 거의 비슷하게 나왔다. 여기서 주목할 것은 신문 구독률이 일본은 매우 높다는 점에서 사회적 표기 혼란이 고착화 될 수 있다는 점이다. 또한 우리와 마찬가지로 신문은 나이가 많은 층에서 인터넷은 젊은 층이 주로 접하는 매체라는 점에서 이러한 표기의 혼란은 세대 갈등을 유발하는 원인이 되고 있다.

문제는 이러한 표기 혼란이 새로 들어온 외래어화 하는 과정에 있는 단어가 아니라 확실하게 외래어로 정착된 것들이라는 점이다. 특히 연령에 따라 표기가 다르게 표기되는 경향이 강하다는 점에서 통일이 쉽지 않다는 점이다. 'romantic'이라는 단어의 경우, 'ロマンチック'와 'ロマンティック'로 표기하는 비율이 20대에서는 반반이었던 데 비해 60세 이상에서는 전자가 73%, 후자가 20%, 어느 쪽으로 표기해야 할지 모르겠다는 응답이 7%라는 결과가 나왔다.21) 정서법이 확립되지 않은 상태에서는 이러한 표기 혼란에 대한 해결책은 앞서 예로 든 '생활습관병'과 같이 시간의 흐름에 맡기는 수밖에는 없다.

현재 일본어에서 문제가 되고 있는 것은 이러한 표기의 혼란뿐만이

---

21) NHK放送文化研究所(2002)전게서, p.58.

아니라 정부에서 발간하는 백서나 공용문서에서 외래어가 범람하고 있다는 것이다. 외래어 범람 원인으로는 한자어 조어력의 한계가 있다. 일본어에 있어서 새로운 외국의 개념을 한자어로 번역한다는 것은 한계에 이르렀음이 여러 조사를 통해 밝혀졌으며 이를 대신하는 것이 외래어이다. 외래어는 전체적으로 보면 신문 기사를 대상으로 했을 때 사용어휘(type)에서 약 10%를 조금 밑도는 수준까지 이르고 있다.[22] 또한 이러한 외래어에 대한 일반인의 이해도가 낮아 외래어라고 보기에 어려운 단어가 많이 있다는 것이 문제가 되고 있다.

일본 정부는 이러한 문제점을 인지하고 각 행정 부서 별로 이들 난해한 외래어를 알기 쉬운 일본어로 바꾸도록 하고 있으나 그 수가 많지 않아 별 효과를 보지 못하고 있는 상황이다. 1989년 당시 고이즈미 준이치로(小泉純一郎) 후생성 장관이 행정 문서에서 외래어 추방을 선언하게 된다. 그 후 그가 총리대신에 취임하면서 국립국어연구소에 외래어 순화 연구 용역을 맡기면서 외래어 순화는 본격적인 괴도에 오르게 된다. 2002년부터 국립국어연구소는 외래어위원회를 설치, 405개 외래어에 대한 대대적인 이해도 조사와 이를 쉬운 일본어로 바꾸는 작업을 했다. 그 결과 2003년부터 4차례에 걸쳐 순화 안을 공개했다. 공개된 것은 2006년 작업이 끝날 때까지 총 176개이다.[23]

---

22) 山口昌也(2007)「新聞記事における語彙の時間的変化分析-語種との関係を中心に─」『国立国語研究所報告126
公共媒体の外来語─「外来語」言い換え提案を支える調査研究─』
http://www.kokken.go.jp/gairaigo/Report126/report126.html#3-3a_list
23) 国立国語研究所(2006)「「外来語」言い換え提案-分かりにくい外来語を分かりやすくするための言葉遣いの工夫-」国立国語研究所,
http://www.kokken.go.jp/public/gairaigo/index.html

[도표 3] 국립국어연구소 외래어 순화안

이해도 전체	이해도 60세 이상	영어	일본어	순화어	기타 순화어 예
★☆☆☆ 24)	★☆☆☆	archive	アーカイブ	保存記録, 記録保存館	記録, 資料, 史料, 公文書館, 文書館, 資料館, 史料館
★★★☆	★★☆☆	access	アクセス	(1)接続 (2)交通手段 (3)参入	(1)接近, 利用 (2)交通の便, 連絡
★☆☆☆	★☆☆☆	agenda	アジェンダ	検討課題	議題, 行動計画
★★☆☆	★☆☆☆	initiative	イニシアチブ	(1)主導 (2)発議	(1)率先, 主導権 (2)構想, 行動計画, 住民発議
★☆☆☆	★☆☆☆	incubation	インキュベーション	起業支援	起業家育成, 新規事 業支援, 創業支援
★☆☆☆	★☆☆☆	internship	インターンシップ	就業体験	体験就業, 就業実 習, 専門実習

　표3을 통해 일본의 외래어 순화는 한자어로 변환하는 것에 있음을 알 수 있다. 문제는 대부분이 하나의 외래어에 대해 여러 개의 일본어 한자어가 대응하고 있다는 점이다. 이것은 다의어가 많은 영어를 빌려 외래어로 사용하는 이점으로도 작용하는데 외국어를 번역하는 것이 한계에 이른 지금 음역하는 것이 편하다는 사회 일반의 인식을 반영하는 것으로 볼 수 있다. 문제는 이러한 한자어로의 변환이 음성 언어로 용어가 유통될 때 과연 의미의 변별성을 확보할 수 있느냐이다. 'incubation'의 순화 제안 용어는 '起業支援'인데 이 경우, '企業支援'과 발음이 같다. 또한 'initiative'의 순화 어인 '主導'가 과연 'initiative'의 외래어 'イニシアチブ'를 사용하는 문맥에 어울리는 것인가를 생각할 필

---

24) 검은 별이 하나인 것은 이해도 25%미만, 둘인 것은 25%이상 50%미만, 세 개 인 것은 50%이상 75%미만, 네 개인 것은 75%이상을 의미한다.

요가 있다. 「イニシアチブを取る(握る)」(이니셔티브를 쥐다(잡다)」)와 같은 경우, '主導'가 아니라 '主導權'이라고 해야 어울릴 것이다. 「市のイニシアチブのもと，地域住民の参画を得て作成した地域全体の振興計画」(시의 주도 하에 지역주민이 참가하여 작성한 지역 전체의 진흥 계획)이라는 문장에서는 '主導'가 어울릴 수 있지만 앞서 본 대로 각각의 문맥에 맞게 단어를 구별해서 사용해야 한다는 문제가 있다. 'access'의 경우에도 홈페이지에서 회사의 약도를 나타낼 때 사용하는데 이러한 경우도 '接近'으로는 부적절하여 '交通の便'(교통편)으로 해야 한다. 'internship'의 경우도 이에 해당한다.

표3에는 없지만 'barrier-free'나 'normalization'과 같은 경우도 여러 문제가 있다. 'barrier-free'의 의미는 몸이 불편한 사람도 지장 없이 활동할 수 있는 생활 환경을 뜻하는 말로 이것을 '障壁なし(장벽 없음)'으로 바꾸고 있는데 이 경우, 다음과 같은 문장에서도 그대로 사용할 수 있을지 의문이다,

高齢化に対応し、周辺道路を拡幅するなどして，駅からマンションまでをバリアフリーにする(고령화에 대응하기 위해 주변 도로의 폭을 넓히는 등 역에서 아파트까지를 배리어-프리(장벽 없음)(으)로 한다)。

'장벽 없음'은 단어가 아니라 구이다. 즉 단어로는 적절한 대응어를 찾을 수 없기 때문에 구로 한 것이라고 생각되는데 '장벽 없음'보다는 '장벽을 없앤다'는 식으로 풀어서 표현하는 것이 보다 안정적 표현이 된다. 'normalization'의 의미는 '장애가 있는 사람도 사회에서 평등하게 일반인과 같이 생활할 수 있게 하는 것'이라는 의미이다. 이것을 '等生

化', 혹은 '等しく生きる社会の実現(평등하게 살 수 있는 사회의 실
현)'으로 순화할 것을 제안하고 있다. '等生化'라는 단어는 기존에는
없던 단어이다. '평등(等)하게 살(生) 수 있는 사회의 실현(化)'이란 일
본어에서 부분적으로 따온 말이다. 문제는 이것의 발음인데 일본어
'統制下'와 발음이 같다. 즉 발음을 듣고 의미를 파악할 수 없을뿐더러
단어를 봐도 무슨 뜻인지 모르는 단어가 만들어진 것이다. 이와 비슷
한 예는 'golbalization'에서도 발견된다. 외래어 'グローバリゼーション'
에 대해 '地球規模化'를 순화 용어로 하고 있는데 기타 순화어 예에서
는 '地球一体化', '全球化'라는 예를 제안하고 있다. 여기서 '全球化'
라는 용어는 역시 기존 일본어에는 없는 새로운 용어로 음으로 들었을
때 의미 파악이 어려움은 물론이고 단어를 보고도 무슨 뜻인지 이해하
기 어렵다.

이러한 문제가 발생하는 것은 외래어를 무조건 한자어로 바꾸면 일
본어가 된다는 인식 때문이다. 아래 표4는 순화 대상 외래어 176개에
대한 순화어와 기타순화어 예를 어종별로 분류한 것이다.

[도표 4] 국립국어연구소 외래어 개정안의 어종별 내역

	한자어	고유어	외래어	혼종어	구	합계
순화어	166 (81.77)	15 (7.39)	0 (0.0)	18 (8.87)	4 (1.97)	203 (33.17)
기타순화어 예	325 (79.46)	15 (3.67)	1 (0.24)	41 (10.02)	28 (6.85)	409 (66.83)
합계	491 (80.23)	30 (4.90)	1 (0.16)	59 (9.64)	32 (5.23)	612 (100.00)

(괄호 안 숫자는 %)

순화어와 기타순화어 예는 모두 612개로 순화 대상 외래어 176개로

이를 나누면 한 개의 외래어 당 순화어가 3.48개가 대응하는 셈이다. 이렇게 된 이유는 영어는 다의어가 많은데 비해 한자어의 경우는 한자 하나가 하나의 의미를 갖게 되기 때문에 이것이 두 개의 한자가 결합한 단어가 될 경우 보다 섬세한 의미의 표현이 가능하다는 점에서이다. 앞서 표3에서 본 '아카이브'의 경우 '保存記錄, 記錄保存館, 記錄, 資料, 史料, 公文書館, 文書館, 資料館, 史料館'과 같이 여러 개의 대응어가 나오게 되는 것을 보면 쉽게 납득할 수 있다. 'hybrid'의 경우 '複合型, 複合, 複合物, 異種混合'이라는 용어로 바꿀 것을 권장하고 있지만 'hybrid car'의 경우는 '複合動力車'로 순화할 것을 권장하고 있다. 즉 문맥에 따라 앞으로도 순화안에서 제시된 것 이외의 단어가 등장할 가능성은 항상 열려 있다.

외래어의 범람은 일일이 단어를 구별해서 사용해야 하는 것에 대해 번거롭게 생각하고 있다는 데서 오는 것이다. 이것은 국립국어연구소의 조사에서도 나타나는데 외래어를 사용함으로써 편리한 이유에 대해 조사한 결과, 지금까지 없었던 개념을 표현할 수 있다는 의견이 대도시에서 52.7%가 나왔다고 한다.25) 한자어를 사용하게 될 경우 문맥에 맞추어 적절한 용어를 선택해야 하지만 외래어를 사용하게 될 경우는 그러한 번거로움이 없어진다는 것이다.

한자어로 순화할 경우, 다른 문제점으로는 다음과 같이 음절의 길이가 길어진다는 문제점이 있다. 한국어의 경우 한자 하나가 한 음절에 해당하지만 일본어의 경우는 2음절에 해당하여 'hazerd map'의 경우,

---

25) 国立国語研究所(2004)『行政情報を分かりやすく伝える言葉遣いの工夫に関する意識調査(自治体調査)』国立国語研究所.
   http://www.kokken.go.jp/katsudo/seika/genzai/jititai/chousakekka/ippan/ip1-3.html

외래어 'ハザードマップ(하자도맙뿌)'는 6음절이지만 한자어 '災害危險子測地図'는 'さいがいきけんよそくちず(사이가이키켄요소쿠치즈)'가 되어 12음절이 되며, 'off-site center'의 외래어 'オフサイトセンター(오프사이도센타)'는 9음절이지만 이의 한자어 '原子力防災センター'는 13음절, '緊急事態応急対策拠点施設'의 경우는 21음절, '原子力災害現地対策拠点'은 19음절이 된다.

이러한 길이는 이해도와의 관계에서 항상 어느 쪽을 택할 것인가를 놓고 갈등을 일으키는 요인이 된다. 현재 정부쪽에서는 이해도를 중시하고 있지만 실제 일본어 사용자들은 이해도보다는 짧은 음절을, 나아가 섬세한 한자어의 의미 구별을 통한 문맥에 적절한 용어의 선택보다는 음역어인 외래어 쪽을 선호하고 있다는 것이 외래어 증가의 원인이 되고 있다.

한편, 외래어 순화안에는 앞서 살펴본 것 외에 현대 사회에서 정착된 것으로 보이는 외래어도 순화 대상으로 삼고 있다. '／' 앞은 '바꾸어 말하기 용어', 뒤는 문맥에 따라 선택할 수 있는 '기타 바꾸어 말하기 용어'이다.

backup	(1)支援　(2)控え／(1)援護　うしろだて　(2)予備　複製
client	顧客／客　注文主　依頼主　相談者　利用者　患者
conference	会議／検討会議　研究会議　症例検討会　競技会
contents	情報内容／内容　中身　番組
library	図書館／資料館　収蔵館　閲覧所　書庫　叢書
log-in	接続開始／利用開始　接続　利用　接続登録　利用登録　認証
management	経営管理／運営管理　管理　管理者

marketing	市場戦略／市場活動　市場調査　市場分析
monitoring	継続監視／監視　観測
moral hazard	倫理崩壊／倫理欠如　倫理の欠如
multimedia	複合媒体
outsourcing	外部委託／外注　外部調達
presentation	発表／説明　提示　提案
prototype	原型／試作モデル　試作品
real time	即時／同時　同時進行　実時間
shift	移行／切り替え　転換
simulation	模擬実験／想定実験　模擬行動　模擬訓練
tool	道具／手段
trend	傾向／動向　流行
venture	新興企業／起業　起業家

　이러한 외래어 순화안이 사회에서 정착될 수 있는지 없을지는 시간을 두고 봐야 할 것이다. 그러나 현재로 보면, 의식적으로 혹은 강제적으로라도 이들 순화 용어를 사용하게 하지 않는 한 정착될 가능성은 매우 낮아 보인다. 그 이유는 일본어 공공언어 정책이 '상용한자표'와 '외래어 표기법'이라는 큰 두 개의 축으로 이루어져 있다고 볼 수 있는데 양쪽 모두 강제적인 것이 아닌 '참고'로 되어 있기 때문이다. 또한 위의 예에서도 확인할 수 있는 것처럼 외래어가 일본어 한자어의 상위 개념을 나타내는 것처럼 보인다는 것이다. 이는 앞에서도 언급한 것처럼 한자어를 사용하게 될 때 문맥에 따라 일일이 구별하기 보다는 외래어를 사용하는 것이 편할 수 있다는 것이다. 나아가 이들은 이미 일상생활에서 확고히 정착한 것들이라는 점에서 순화안으로 제시된 한자어들이 일본 사회에서 통용될 가능성은 낮아 보인다.

6. 방송 용어

표기와 용어의 혼란은 공공성이 높은 신문과 방송의 경우에는 매우 심각한 문제이다. 이에 대한 혼란을 막고자 각 신문사나 방송사에서는 사용 한자 수는 물론 용어까지 독자적인 기준을 마련하여 사용하고 있다. 한편, 일본 국내 주요 신문사와 방송국이 가맹하고 있는 일본신문협회 편집위원회 산하에 신문용어간담회라는 것이 있어 여기서 정기적으로 방송 언어에 대한 정보 교환과 조율을 하고 있다. 일본신문협회는 문부과학성 소관의 사단법인이다.

일본방송협회(NHK) NHK방송문화연구소는 방송용어 및 일본어의 조사와 연구를 수행하는 연구소이다. 시사적인 용어에 대해서는 각 방송국 혹은 국제부, 정치부와 같이 담당 부서에서 용어를 제정하여 사용하고 있다. 이렇게 하고 있는 것은 담당 부서가 해당 용어에 대해 가장 잘 알고 있다는 이유에서이다. 예를 들면, '신종플루'와 같은 용어에 대해서는 보도 현장에서 정해서 사용하고 있다고 한다. 한편, 'SARS'의 경우 민간방송에서는 'サーズ(사스)'를 사용하고 있으나 NHK에서는 '新型肺炎'을 사용하고 있다고 한다. 특히 NHK방송문화연구소에서는 해외 지명, 인명과 같은 경우 각 담당 부서에서 문의가 오면 답변을 주는 형식으로 표기를 정하고 있다고 한다.[26]

---

26) 이 부분에 대해서는 NHK방송문화연구소 시오다 다케히로(塩田雄大)씨에게 도움을 받았다. 이 자리를 빌어 감사의 뜻을 전하고 싶다.

7. 국립국어연구소

국립국어연구소는 앞서 소개한 외래어 순화안 외에도 다양한 공공 언어에 관한 조사 연구를 수행하고 있다.[27] 주요 연구를 보면 다음과 같다.

(1) 병원에서 사용하는 용어를 알기 쉽게 하기 위한 제안
(2) 행정정보
  - 행정정보를 알기 쉽게 전하는 화법에 대한 의식조사(자치단체조사)
  - 외래어에 관한 의식조사(전국조사)
  - 외래어 정착도 조사

(1)의 경우는 환자 중심의 의료가 점차 확산되면서 의료 현장에서 의사와 환자의 원활한 의사소통을 위한 용어 사용은 물론, 어떻게 환자에게 증상과 치료를 알기 쉽게 설명할 것인가라는 커뮤니케이션 차원에서 종합적인 연구를 진행하였다. 이를 위해 국립국어연구소는 '병원 언어 위원회'를 설치하여 병원에서의 의사소통에서 나타나는 장애 요인을 분석하고 쉽게 하기 위한 연구를 진행, 의료진에게 성과를 제안하였다.

원활한 의사소통이 이루어지지 않는 이유로 (1) 용어가 어려운 경우는 일상적인 용어로 설명, (2) 환자가 의미를 모르거나 지식이 불충분하거나 다른 의미로 혼동하는 경우는 올바른 의미를 전해야 하며, 자세히 설명하거나, 또한 혼동하지 않게 설명할 것, 나아가 환자가 심리

---

27) http://www.kokken.go.jp/katsudo/seika/genzai/

적으로 부담을 느끼는 경우는 심리적 부담을 경감시킬 수 있는 표현법을 사용할 것이라는 점을 용어별로 실제 예를 제시하고 있다. 예를 들면, '생검(生檢)'이라는 용어가 있을 경우, '병리검사', 혹은 '병리진단'과 같은 용어를 사용해서 설명하거나 그래도 잘 이해를 못할 경우 '환부의 일부를 떼어 내어 현미경 등으로 조사한다'는 식으로 풀어서 설명하고 그래도 환자가 불안해 할 경우는 무엇으로 조직을 떼어 내는지, 얼마나 많은 사람들이 검사를 받는지에 대해 설명해야 한다는 식으로 매뉴얼을 구체적으로 작성하고 있다.28) 이러한 연구는 기존의 쉬운 용어로의 순화에서 한 걸음 더 나아가 의사소통 방법에 대한 연구로 앞으로의 다른 분야로의 확산이 기대된다.

(2)의 경우는 앞서 언급한 것처럼 외래어를 쉽게 바꾸기 위한 기초조사라는 성격이 있지만 조사에서는 (1)과 마찬가지로 의사소통이라는 차원에서 어떻게 설명하고 전달해야 하는지에 대한 방대한 연구가 이루어졌다. 이러한 조사가 이루어지게 된 배경으로는 외국인의 증가에 의해 지방자치단체 주민의 구성이 다양해지고 자치단체에서 주민에게 제공되는 행정 정보도 복잡해지고 있다는 것이 이유이다.29) 나아가 외래어가 그 중심에 있다는 점에서 앞서 자세히 살펴본 바와 같이 외래어 순화안이 결론으로 제시되었다.

(1)과 (2)를 종합적으로 보면 이제 일본어의 경우 용어 자체를 바꾸는 단계에서 그 용어를 사용해서 어떻게 상대방에게 전달할 것인가 하는 의사소통이라는 차원에서 공공언어 표준화가 이루어지고 있음을 알 수 있다.

---

28) http://www.kokken.go.jp/byoin/
29) http://www.kokken.go.jp/katsudo/seika/genzai/jititai/

8. 나가며

일본의 공공언어는 1866년 그 필요성이 제기되고 그 후 한자논쟁, 1946년 '당용한자표'에 의한 한자제한, 1981년의 '상용한자표'에 의한 제한 완화를 겪으면서 2010년 '신상용한자표'의 공표예정으로 이어지며 현재에 이르고 있다. 문제는 한자어의 생산력이 한계에 이르고 이를 대신하는 것으로 외래어가 증가하고 있다는 점이다. 외래어는 앞서 본 대로 한자어의 상위어를 형성하는 것으로 점차 변모하고 있다. 지금까지의 외래어 순화안을 보면 이러한 일본어의 흐름을 막기에는 역부족인 것처럼 보인다. 그 이유는 순화안이 제안의 수준을 벗어나지 못하고 있다는 점이며 국립국어연구소가 독립행정법인으로 바뀌면서 그 성격이 실용에서 순수 연구 쪽으로 다시 돌아가게 되었다는 점에서 앞으로 순화안이 계속 나올 가능성은 희박해졌기 때문이다.

그러나 오랜 전문용어 제정의 역사를 통해 비록 아직도 난해한 한자어 용어가 많이 있지만 대학 교육 수준에서 사용하는 전문용어까지는 표준화를 달성했다는 점, 또한 다양한 단체와 연구소를 통해 새로 생기는 용어에 대해 어느 정도 대응할 체계가 구축되어 있다는 점에서 외래어 증가에 대해서는 앞으로 교육을 통한 낮은 이해도의 극복이 어느 정도 가능할 것으로 보인다.

한편, 공공언어에 대한 새로운 연구가 진행되고 있다. 이는 용어 순화에서 한발 더 나아가 의사소통이라는 관점에서 언어를 표준화하는 연구가 진행되고 있다는 것이다. 아직 부분적으로 이루어지고 있지만 이러한 연구가 사회 전반을 대상으로 진행될 경우 일본어는 보다 쉬운 언어로 바뀔 것이 기대된다.

참고문헌

노무라 마사아키 지음/송영빈 옮김(2007), 『한자의 미래』커뮤니케이션북스
송영빈(2008), 「일본의 한자정책」『2008년 서울행정학회 춘계학술대회 발표
　　　논문집[上]』서울행정학회
国立国語研究所(2004), 『行政情報を分かりやすく伝える言葉遣いの工夫
　　　に関する意識調査(自治体調査)』国立国語研究所
国立国語研究所(2006), 「「外来語」言い換え提案-分かりにくい外来語を分
　　　かりやすくするための言葉遣いの工夫-」国立国語研究所
国立国語研究所「病院の言葉」委員会(2009), 『「病院の言葉」を分かりやす
　　　くする提案』国立国語研究所
鈴木俊二(2004), 「日本における外来語政策ーその歴史と現在ー」『国際短
　　　期大学紀要19号』国際短期大学紀要編纂委員会
NHK放送文化研究所(2002), 「どうする？外来語の表記と発音～放送と外
　　　来語 全国調査(3)～」『放送研究と調査』NHK放送文化研究所
NHK放送文化研究所(2009), 「高校3年生は、「新・常用漢字」をどのくらい
　　　読めるか(1)～「全国高校3年生・感じ認識度調査(11,000)人回答」
　　　集計報告～』『放送研究と調査』, NHK放送文化研究所
山口昌也(2007), 「新聞記事における語彙の時間的変化分析-語種との関係
　　　を中心にー」『国立国語研究所報告126
公共媒体の外来語―「外来語」言い換え提案を支える調査研究―』国立国
　　　語研究所
J. Marshall Unger. 1995. *Literacy and Script Reform in Occupation Japan Reading
　　　Between The Lines*. New York: Oxford University Press

참고 사이트

http://www.kokken.go.jp/katsudo/seika/genzai/
http://www.kokken.go.jp/byoin/
http://www.kokken.go.jp/katsudo/seika/genzai/jititai/
http://www.kokken.go.jp/katsudo/seika/genzai/jititai/chousakekka/ippan/ip1-3.html

http://www.kokken.go.jp/gairaigo/Report126/report126.html#3-3a_list
http://www.kokken.go.jp/public/gairaigo/index.html
http://www.bunka.go.jp/kokugo_nihongo/bunkasingi/kanji_37/pdf/sanko3.pdf
http://www.bunka.go.jp/kokugo/main.asp?fl=show&id=1000001774&clc=10000
     00068&cmc=1000003933&cli=1000004647&cmi=1000001768
http://www.bunka.go.jp/kokugo_nihongo/bunkasingi/kanji_37/pdf/sanko1.pdf
http://www.bunka.go.jp/kokugo_nihongo/bunkasingi/index.html
http://www.konan-wu.ac.jp/~kikuchi/kanji/toyob.htm
http://kindai.ndl.go.jp/BIImgFrame.php?tpl_wid=WBPD120&tpl_wish_page_no
     =1&tpl_select_row_no=4&tpl_hit_num=12&tpl_toc_word=+%C1
     %B0%C5%E7%CC%A9&tpl_jp_num=54014253&tpl_vol_num=&J
     P_NUM=54014253&VOL_NUM=00000&KOMA=&tpl_search_kin
     d=2&tpl_keyword=%C1%B0%C5%E7%CC%A9&tpl_sort_key=TIT
     LE&tpl_sort_order=ASC&tpl_list_num=20&tpl_end_of_data=

중국에서의 공공 언어정책

이재돈

　중국은 다민족 국가로서 56개의 민족으로 구성되어 있으며, 이들 중 많은 수의 소수민족은 그들 자신의 고유한 언어와 문자를 사용하고 있다. 또한 중국은 광활한 면적을 가지고 있어 지역별로 다양한 방언들이 존재하고 있다. 따라서 다양한 민족의 언어와 다양한 방언보다 상위인 표준어를 제정하여 보급시키는 일은 역대 모든 왕조를 거쳐 오는 동안 무엇보다 중요한 일이었으며, 급선무였다. 1949년 중화인민공화국이 건립된 이후에도 언어 개혁을 위한 다양한 노력이 있어왔다. 아편전쟁이후 1949년까지는 주로 중앙정부가 아닌 대중에 의해 이러한 노력이 전개되어 온 것과는 달리, 중화인민공화국이 건립된 이후에는 정부, 즉 국가가 모든 주요한 활동들을 주도하고 조화시키는 보다 많

은 활동적인 역할을 담당했다. 1949년이후 2000년대 초까지 중국에서
는 어떠한 언어 정책을 펼쳐 왔는지, 그리고 언어 정책과 관련한 활동
들이 어떻게 전개되었는지 그 과정을 연대별로 정리해 보면 다음과
같다.

1949
10월 10일 "중국문자개혁협회(中國文字改革協會)"가 공식적으로
성립.
1952
2월 5일 "중국문자개혁연구위원회(中國文字改革研究委員會)"가
성립.
1954
12월 "중국문자개혁연구회(中國文字改革研究會)"가 "중국문자개
혁위원회(中國文字改革委員會)"로 개칭
1955
10월15일~12월 23일 교육부와 중국문자개혁위원회(中國文字改革
委員會)가 북경(北京)에서 전국문자개혁회의(全國文字改革會議)를
개최. 주된 의제는 ≪한자의 간소화 방안≫을 채택하고 북경어의 말
소리를 기초로 하는 보통화(普通話)를 표준어로 제정하고 보급해야
한다는 것.
10월 25일~12월 31일 중국과학원(中國科學院)이 북경에서 현대한
어규범문제학술회의(現代漢語規範問題學術會議)를 개최.
10월 26일 ≪人民日報≫는 ≪한자개혁의 촉진, 보통화의 보급, 한
어규범화 실현을 위한 노력≫이라는 논평을 게재.

1956

언어연구소와 교육부가 공동으로 전국 각지에서 보통화(普通話)의 교수업무를 담당할 인력과 전국의 방언조사를 전문 인력을 양성하기 위한 "보통화어음연구반(普通話語音研究班)"이라는 전문단체 조직.

1956년부터 언어연구소는 전국의 방언의 조사 작업을 진행. 그 결과 전국의 2000개에 가까운 지방의 언어를 조사하고 1195종의 방언조사보고를 작성.

1월 31일 중국과학원언어연구소(中國科學院言語研究所)는 보통화어음심사위원회(普通話語音審查委員會)를 설립.

2월 6일 국무원(國務院)은 ≪보통화보급과 관련된 지시≫를 공포.

2월 16일 교육부와 중국과학원언어연구소((中國科學院言語研究所))가 공동으로 조직한 보통화어음연구반 제 1기 개학. 1961년까지 총 9회에 걸쳐 수강생 1,666명을 양성.

3월 12일 중앙보통화보급작업위원회(中央普通話普及工作委員會)를 설립.

6월 23일 국가의 언어정책과 관련한 모든 문건을 전문적으로 출판할 문자개혁출판사(文字改革出版社) 출범.

1958

1월 10일 주은래(周恩來)가 전국정치협상회의(全國政治協商會議)에서 개최한 보고회에서 ≪현재 문자개혁의 임무≫라는 주제로 보고.

7월 25일 중앙보통화보급작업위원회(中央普通話普及工作委員會)와 교육부가 北京에서 연합하여 제1차 전국보통화교학성적참관회(第一次全國普通話教學成績參觀會)를 개최하여 보통화 보급의 우수 사례를 보고.

1958

丁聲樹, 李榮이 ≪고금자음대조소책자(古今字音對照手冊)≫를 집
필하여 과학출판사(科學出版社)에서 출판(이 책은 1981년 10월 1일
중화서국(中華書局)에서 재판됨.) 이 책은 常用字 6,000여자에 표준어
인 보통화의 음으로 표기하고, ≪광운(廣韻)≫ 계통의 고음을 주석으
로 처리하여 방언조사에 참고로 사용할 수 있도록 하였으며, 동시에
고금을 통한 말소리의 변화 과정과 보통화의 음을 고찰하고 연구하는
데 참고자료로 사용할 수 있도록 함.

1959

8월 10일 중국문자개혁위원회(中國文字改革委員會), 교육부, 중국
공산주의 청년단 중앙 위원회(中國共産主義靑年團中央委員會)가 연
합하여 上海에서 제2차 전국보통화교학성적참관회(第二次全國普通
話敎學成績參觀會)를 개최.

1960

≪현대한어사전(現代漢語辭典)≫ 시험 인쇄본 완성. 1956년 2월 5
일 국무원(國務院)이 공포한 ≪보통화보급과 관련된 지시≫에 따라
언어연구소는 중형현대한어사전 편찬을 위한 연구조를 출범시켰으며,
1956년 5월 연구 경과를 작성하여 7~9월에 ≪중국어문(中國語文)≫
에 게재. 1956년 하반기에 사전편집실을 조직하여 1958년에 ≪현대한
어사전≫을 정식으로 집필하기 시작. 1960년에 시험 인쇄본이 인쇄되
었고 1961년 3월 26일부터 언어연구소는 교정 작업을 진행. 1965년에
시험 사용본을 인쇄하였으며, 1973년부터 1977녀까지 "시험 사용본"
을 수정하여 1978년에 제1판, 1983년에 제2판 출판. 1996년에 수정 제
3판에 이어 2002년에 수정 제3판 보충본 출판. ≪현대한어사전≫은

보통화 어휘 6만조 이상이 수록되어 있으며, 보통화의 보급과 규범화의 촉진 및 보통화의 학습과 교수에 표준이 되는 중요한 공구서로서의 기능 담당.

8월 1일 중국문자개혁위원회(中國文字改革委員會), 교육부, 중국공산주의 청년단 중앙 위원회(中國共産主義青年團中央委員會)가 연합하여 靑島에서 제3차 전국보통화교학성적참관회(第三次全國普通話敎學成績參觀會)를 개최.

1963

10월 29일 보통화 어음 심사위원회가 만든 ≪보통화이독사삼차심음종표초고(普通話異讀詞三次審音總表初稿)≫를 문자개혁출판사(文字改革出版社)에서 출판, 여러 가지 다른 음으로 읽히는 어휘들에 표준음을 부여하고자 함.

1964

9월 17일 제4차 전국보통화교학성적참관회(第四次全國普通話敎學成績參觀會)가 西安에서 개최.

1978

5월 18일~5월 25일 중국문자개혁위원회(中國文字改革委員會)는 강소성(江蘇省) 오현(吳縣)에서 남방방언지역에서의 보통화 보급을 위한 좌담회(南方方言區普通話普及工作座談會) 개최.

8월 26일 교육부는 ≪학교보통화와 한어병음교학의 강화와 관련된 통지≫를 공포하여 학교에서의 보통화 교육과 그와 관련한 발음기호인 한어병음의 교수 방안에 관한 규정 하달.

1979

8월11일~8월 20일 교육부, 중국문자개혁위원회(中國文字改革委

員會), 중국 공산주의 청년단 중앙 위원회(中國共産主義靑年團中央委員會)가 연합하여 北京에서 제5차 전국보통화교학성적참관회(第五次全國普通話敎學成績參觀會) 개최.

1982

12월 4일 제5회 전국인민대표대회(第五回全國人民代表大會) 제5차 회의에서 통과한 《중화인민공화국헌법(中華人民共和國憲法)》 제19조의 "국가는 전국에서 통용되는 보통화(普通話)를 보급한다."라는 규정을 재확인.

12월 21일 교육부, 중국문자개혁위원회(中國文字改革委員會) 등 15개 기관에서 《모두에게 있어서의 보통화(普通話) 제의서》를 공포. 이 제의서는 《문자개혁(文字改革)》 1983년 1월호에 게재.

1983

5월 9일~5월 13일 교육부는 강소성(江蘇省) 진강시(鎭江市)에서 전국중등사범학교 보통화보급작업좌담회(全國中等師範學校 普通話普及工作座談會)를 개최. 3~5년 이내에 전국의 사범학교에서 보통화보급 임무를 기본적으로 실현할 수 있도록 하자는 결론을 내리고, 교육부는 이 결론을 토대로 사범학교에서의 보통화보급과 한어병음작업의 시행의 강화와 관련된 통지》를 공포.

1984

10월 16일~10월 20일 중국문자개혁위원회(中國文字改革委員會)는 北京에서 문자개혁작업좌담회(中國文字改革工作座談會)를 개최하여 문자개혁의 방침과 임무 등과 관련한 문제를 토론.

1985

2월 1일 중국문자개혁위원회(中國文字改革委員會)는 국무원(國務

院)에 "문자개혁좌담회의 상황과 관련된 보고"를 보냈으며, 3월 2일, 국무원(國務院)은 이를 "통지"로 공포.

1986

1월 6일~1월 13일 국가교육위원회(國家敎育委員會)와 국가언어문자작업위원회(國家語言文字工作委員會)는 공동으로 北京에서 전국언어문자작업회의(語言文字工作會議)를 개최. 과거 30여년의 언어문자와 관련한 작업을 회고, 총정리하고 중앙에서 확정한 현 시점의 언어문자와 관련한 사업의 방향과 현재 주어진 주요 임무를 철저하게 집행할 것을 요구하고, 이 방면에 공을 세운 사람들을 표창. 회의에서는 새로운 시기를 맞아 국가가 철저하게 언어문자와 관련한 정책과 법령을 집행하고 언어문자의 규범화, 표준화를 시행하며, 지속적으로 문자개혁작업을 추진함으로써 언어문자로 하여금 사회주의 현대화건설에서 더욱 좋은 역할을 할 수 있도록 해야 한다고 강조.

9월 17일 언어연구소(語言硏究所)에서 연구제작한 《 한어보통화음절합성체계(漢語普通話音節合成系統) 》이 원급(院級) 평가를 통과.

11월 홍콩보통화교사협회(香港普通話敎師協會) 설립. 설립 취지는 보통화교육을 촉진하고 보통화를 보급하는 것. 회원은 홍콩의 초중등학교와 성인야간학교의 보통화 교사.

12월 9일~12월 21일 홍콩 언어학학회(香港言語學學會)는 홍콩에서 "홍콩언어정책과 언어계획"이라는 주제로 심포지엄을 개최. 홍콩정부에 언어 정책과 언어와 관련한 모든 계획을 세울 수 있는 위원회의 설립을 건의.

1987

4월 1일 국가언어문자작업위원회(國家語言文字工作委員會), 방송영화통신부(廣播電影電視部)는 ≪라디오, 영화, 텔레비전에 대한 정확한 언어문자사용의 약간의 규정≫를 공포.

9월 25일 국가언어문자작업위원회(國家語言文字工作委員會), 국가교육위원회(國家敎育委員會)는 ≪중등사범학교에서의 잘 진행된 보통화 보급과 강화, 일의 향상에 관한 몇 가지 의견≫과 ≪고등사범대학교의 보통화보급 사업의 강화에 관한 통지≫를 공포.

12월 중국사회과학원(中國社會科學院)과 오스트레일리아 인문과학원이 합동으로 편저한 ≪중국언어지도집(中國語言地圖集)≫을 홍콩낭문출판회사(香港朗文出版會社)에서 출판.

≪중국언어지도집(中國語言地圖集)≫은 중국사회과학원(中國社會科學院) 언어연구소와 민족연구소의 전문가, 학자가 수십 년동안 중국 언어의 연구 성과를 기초로 하여 언어와 방언분포도를 편집, 제작한 것으로서, 중국의 9대방언의 분포구 경계선과 78종의 소수민족 언어의 분포 상황을 전면적으로 소개. 이러한 지도집의 출판은 세계 언어학사상 첫 번째의 일로 평가됨.

1988

4월 25일~4월 28일 홍콩대학(香港大學), 홍콩중문대학(香港中文大學), 홍콩영국문화협회(香港英國文化協會)가 연합하여 주관한 제1차 홍콩 "언어와 사회"의 토론회가 홍콩대학에서 개최. 최종 의제는 "當代 사회 언어학: 동방의 관점과 서방의 관점"이었으며, 논제는 각종 언어 변체의 특징과 그들의 제약조건, 특수 장소에서 사용되는 혹은 특정용도의 언어표현수단, 아동 언어, 2중 언어/다중 언어 교육과 2개 언어사용(Diglossia)/다중 언어사용현상, 언어정책과 언어계획 등.

8월 22일~8월 26일 심천교육학원(深圳敎育學院)의 심천홍콩언어

연구소(深圳香港語言硏究所)가 심천(深圳)에서 "심천홍콩지역 언어 문제 심포지엄"을 개최. 중심의제는 "2중 언어·2중 방언현상"이었으며, 대륙과 홍콩, 대만의 한어 어휘 비교연구가 토론의 주된 관심사 중의 하나.

10월 20일~10월 24일 제1차 전국한어구어심포지엄(第一次漢語口語硏討會)이 창주시(滄州市)에서 개최됨. 회의에서 행하여진 토론의 주된 내용은 말하기 이론, 말하기 표현, 말하기 훈련, 보통화 낭독 등.

1990

3월 우근원(于根元)의 ≪새 시기의 보통화 보급 사업≫이 어문출판사(語文出版社)에서 출판됨. 어문출판사(語文出版社)는 국가가 설립한 국가의 언어정책과 관련한 문건 혹은 논문 등을 주로 출판하는 출판사임.

6월 5일~6월 9일 언어문자응용연구소(語言文字應用硏究所)가 주관한 "보통화와 방언문제 학술 토론회"가 北京에서 거행됨. "새로운 시기의 보통화 보급의 문제"와 "보통화, 지방보통화와 방언의 현상과 발전"가 주제. 회의에서의 행하여진 발언과 발표된 논문≪어문건설(語文建設)≫ 1990년 제 4기에 게재.

8월 9일~8월 14일 靑島市 언어학회(靑島市語言學會), 청도대학현대한어연구실(靑島大學現代漢語硏究室)이 연합하여 주관한 "전국 제1차 한어방언과 보통화 어법 심포지엄"이 청도(靑島)에서 개최됨.

12월 29일 국가교육위원회(國家敎育委員會)와 국가언어문자작업위원회(國家語言文字工作委員會)가 연합하여 ≪초등학교 보통화 보급에 관한 통지≫를 공포.

1991

1월 26일 국가언어문자작업위원회(國家語言文字工作委員會)가 북경인민대회당에서 ≪한어간화방안(漢語簡化方案)≫ 공포 35주년을 기념하기 위한 좌담회가 거행됨. 언어문자의 모든 표준과 언어문자와 관련한 모든 사업의 성과를 보급하고, 아울러 언어문자상에 나타나는 혼란한 상태를 정비해야 한다고 강조.

8월 5일~8월 7일 심천교육학원(深圳敎育學院)의 심천홍콩언어연구소(深圳香港語言硏究所)와 심천시(深圳市)의 언어문자작업사무실(語言文字工作事務室)이 연합하여 주관한 "제2차 2중 언어, 2중 방언 심포지엄(국제)"를 심천교육학원(深圳敎育學院)에서 거행됨. 회의주제는 "2중 언어와 2중 방언 현상"이며 구체적으로 보통화와 방언, 소수민족언어와 외국어의 대비 연구, 2중 언어와 2중 방언 연구의 이론과 방법, 2중 언어와 2중 방언 연구와 보통화 보급의 관계 등. 빌표된 논문은 ≪2중언어와 2중방언(2)≫(홍콩채홍출판사(香港彩虹出版社), 1992년 8월)에 게재.

1992

1월 5일 홍콩보통화연구연습사사원대회(香港普通話硏究硏習社員大會)가 창설 15주년 기념 축전이 구룽(九龍)에서 거행됨. 대만 대표 여견(黎堅)이 대만의 보통화 보급 경험을 소개.

3월 29일~3월 31일 마카오 사회과학학회(澳門社會科學學會)가 주관한 마카오의 과도기적인 언어발전 방향에 관한 국제학술심포지엄이 마카오(澳門)에서 거행됨. 발표된 논문은 ≪마카오언어논집(澳門語言論集)≫에 수록.

4월 2일 국가언어문자작업위원회(國家語言文字工作委員會)가 제7회 5차 전국인민대회의(第七回五次全國人民大會)의 문화, 교육, 과학

기술계 인사를 초청하여 언어문자사업의 좌담회 개최. 국가언어문자
작업위원회(國家語言文字工作委員會)의 주임 유빈(柳斌)은 국가의
정책과 법규는 반드시 철저하게 집행되도록 견지해야 하며, 정책에 대
해서는 역시 일정한 절차에 따라 의견을 제기할 수 있지만 국가가 정
책을 조정하거나 수정을 하기 전에는 다른 견해가 있다 하더라도 정책
을 무시하는 일을 해서는 안 된다고 강조.

6월 29일~7월 3일 국가언어문자작업위원회(國家語言文字工作委
員會)의 보통화보급부(普通話普及部)와 국가교육위원회사범부(國家
敎育委員會師範部)가 호북성낭양사범전문학교(湖北省囊陽師範專門
學校)에서 전국중고등사범학교에서의 보통화보급 사업에 관한 종합
보고 회의를 개최.

9월 25일 국무원(國務院) 제 113차 상무회의는 원칙상 국가언어문
자작업위원회(國家語言文字工作委員會)의 현재 언어문자사업에 관
한 지시를 통과시킴.

11월 6일 국무원(國務院)이 국가언어문자작업위원회(國家語言文字
工作委員會)의 현재 언어문자사업에 관한 지시를 보고하고 관련 부서
에 전달.

12월 14일 江澤民은 국가교육위원회(國家敎育委員會) 부주임 겸
국가언어문자작업위원회(國家語言文字工作委員會) 주임인 유빈(劉
斌)과 언어문자사업과 관련한 토론에서 언어문자에 관하여 3가지 의
견을 제시. 첫째, 국가가 현행하는 언어문자에 관한 방침과 정책은 철
저하게 지속되어야 할 것이며, 한자의 簡化를 향한 방향은 변하지 않
을 것이기 때문에 각종 인쇄제품, 선전품은 반드시 간체자를 사용해야
하며, 둘째, 해협양안(海峽兩岸)의 한자는 현재의 상황을 유지하고 몇

가지 다른 견해는 남겨두고 장래에 토론할 수 있도록 하고, 셋째, 서예는 일종의 예술 창작이며 번체자를 쓰던, 간체자를 쓰던지 간에 반드시 작자의 풍격과 습관을 존중해야 한다고 강조. 이 세 가지 지시는 ≪어문건설(語文建設)≫ 1993년 제1기에 게재됨.

1993

8월 17일~8월 20일 심천교육학원(深圳敎育學院)의 심천홍콩언어연구소(深圳香港語言硏究所)가 주관한 제3차 2중언어, 2중방언 심포지엄이 심천(深圳)과 주해(珠海), 두 곳에서 거행됨. 발표된 논문의 내용은 대체로 보통화와 방언, 방언과 방언, 보통화 보급과 간화자의 교수, 2중언어, 2중방언의 사용자와 사용지역, 서면어 작품과 2중 언어현상, 갑(甲)언어와 을(乙)언어의 사이의 차이점과 유사점 고찰 등이었으며, 논문은 ≪2중언어2중방언≫(3)에 게재.

12월 11일 毛澤東 탄신 100주년을 기념하기 위해서 上海市語文學會가 "모택동(毛澤東)사상과 어문작업"이라는 주제로 학술좌담회를 거행. 진광뢰(陳光磊)의 ≪모택동(毛澤東)의 어문현대화의 이론과 실천에 있어서의 공헌≫, 호혜정(胡惠貞)의 ≪건국 이래 모택동(毛澤東)이 어문작업에 대한 일련의 지시를 회고하며≫, 복간(濮侃)의 ≪모택동(毛澤東)의 문풍사상과 중국의 풍격, 중국의 풍채≫, 엽경열(葉景烈)의 ≪등소평의 모택동(毛澤東)의 문풍사상에 대한 계승≫ 등이 발표됨.

1994

1월 9일~1월 15일 국가교육위원회(國家敎育委員會) 사범교육부(師範敎育部)가 北京에서 교사구어교재 심사회의(敎師口語敎材審定會)를 개최. 국가교육위원회(國家敎育委員會) 부주임 유빈(劉斌)과

편집심사자가 좌담회에 참석하여 구어의 교수와 어문의 교수에 관한 개혁방안을 발표.

2월 1일 국가언어문자작업위원회(國家語言文字工作委員會), 국가교육위원회(國家敎育委員會)가 연합하여 "사범전문학교에서의 보통화 보급 사업에 관한 통지"를 공포.

3월 16일 전국인민대회(全國人民大會) 대표인 허가로(許嘉璐) 등 7명과 전국정치협상회의(全國政治協商會議) 위원 형복의(邢福義) 등 15명이 연합하여 "언어문자관리강화에 관한 신속한 입법 제의서"를 제출.

5월 7일~5월 9일 언어문자응용연구소(語言文字應用硏究所), 안휘대학중문과(安徽大學中文科), 중국인민공안대학(中國人民公安大學)의 문과와 이과부가 연합하여 제3차 응용언어학 학술토론회(第三次應用言語學學術討論會)를 안휘성(安徽省) 황산시(黃山市)에서 거행. 고등학교, 과학연구기구, 출판부문과 관련된 30명의 전문가가 출석하였으며, "중국어의 신조어의 정리와 연구", "보통화연구", "언어교수연구"가 주요 의제.

5월 25일~5월 27일 국가교육위원회(國家敎育委員會)의 기초교육부와 국가언어문자작업위원회(國家語言文字工作委員會)의 보통화보급부(普通話普及部)가 항주(杭州)에서 연합하여 전국 초·중·고등학교에서의 보통화 보급 작업 보고회의(普通話普及工作報告會議)를 개최. 28개성과 자치구, 직할시와 절강성(浙江省) 각지의 시교육위원회, 언어문자작업위원회(語言文字工作委員會)의 70여명의 책임간부가 참가하였으며, 회의의 목적은 보통화 보급 속도를 올리는 방안을 모색하는 것.

7월 1일 중앙기구편제위원회(中央機構編制委員會)는 국가언어문자작업위원회(國家語言文字工作委員會)의 보통화 훈련 시험센터, 언어문자발행처를 설립하고 이들 모두를 사업 단위로 하는 것에 동의.

8월 25일 국가언어문자작업위원회(國家語言文字工作委員會)는 北京의 언어학계와 법학계의 몇몇 전문 학자를 초청하여 언어문자와 관련한 입법 문제를 연구, 토론.

9월 14일 국가교육위원회(國家敎育委員會), 국가언어문자작업위원회(國家語言文字工作委員會)가 연합하여 "보통 초 · 중 · 고등학교에서의 보통화 보급 작업의 검토와 평가에 관한 통지"를 공포. 통지는 검사평가의 기준과 방법, 결과의 확정, 진행 속도 등을 포함.

9월 21일~9월 23일 국가언어문자작업위원회(國家語言文字工作委員會)가 석가장(石家庄)에서 전국언어문자의법관리 현지회의(全國語言文字依法管理現場會)를 개최. 100명에 가까운 각 성, 자치구, 직할시와 성도, 중앙 직속 중점 개발도시의 언어문자작업위원회(語言文字工作委員會)의 책임간부가 출석.

10월 15일~10월 21일 국가언어문자작업위원회(國家語言文字工作委員會), 중앙인민방송국이 주관한 "소자쌍발배(巢紫雙發杯)" 제3회 전국보통화방송대회(第三回全國普通話廣播大會)의 준결승, 결승전을 北京에서 거행.

10월 30일 국가언어문자작업위원회(國家語言文字工作委員會), 국가교육위원회(國家敎育委員會), 방송영화텔레비전국(廣播電影電視局)은 "보통화 수준 측정시험의 발전에 관한 결정"을 공포. 이 "결정"은 "일정한 범위 내에서 어느 몇 부서의 인원은 보통화 수준 측정시험을 봐야 할 필요가 있으며, 또한 점진적으로 보통화 등급 증명 제도를 실행해야 한다.……보통화 수준 측정시험은 보통화 보급 사업의 중요한 구성부분이며, 보통화 보급 사업으로 하여금 점진적으로 과학화, 규범화, 제도화의 중요 조치에 향하게끔 하는 것이다."라 규정.

1995

5월 왕균(王均)이 주편한 ≪당대 중국의 문자개혁≫이 당대중국출판사(當代中國出版社)에서 출판됨.

6월 30일~7월 2일 심천홍콩언어연구소(深圳香港語言研究所)와 심천시(深圳市)언어문자작업사무실이 연합하여 제4회 2중언어, 2중방언 심포지엄(국제)을 심천(深圳)에서 거행.

7월 7일 국가교육위원회(國家敎育委員會), 국가언어문자작업위원회(國家語言文字工作委員會)가 연합하여 "고등학교, 대학교 언어문자규범화 사업에 관한 몇 가지 의견"을 공포.

7월 18일 북경대학중문과(北京大學中文科) 담만종(覃萬種), 방삼문(方三文), 유애의(劉愛義), 왕탁이(王卓異) 4명의 동창이 北京에서 한 달 동안 자전거를 타고 광주(廣州)까지 가면서 언어문자규범화 사업을 선전. 이 활동은 국가언어문자작업위원회(國家語言文字工作委員會), 북경대학교청년위원회(北大校團委), 북경대학교 중문과(北京大學中文科)의 전폭적인 지지를 획득.

9월 6일~9월 8일 국가언어문자작업위원회(國家語言文字工作委員會), 방송영화텔레비전국(播電影電視局)이 주관하고 산동성(山東省)치박시(淄博市) 인민정부가 후원한 전국 제1회 성급당정기관간부보통화대회(全國第一回省級黨政機關幹部普通話大會)가 치박(淄博)에서 거행됨. 이 대회는 소형연극, 낭송(연설) 종목의 대회와 언어문자상식, ≪국가공무원임시조례(國家公務員暫行條例)≫의 인지 정도를 측정하는 대회로 나뉘어 진행. 해방군대(解放軍隊)가 총 점수에서 1등 획득.

11월 유조웅(劉照雄)이 주편한 ≪보통화수준시험개요(普通話水平測試大綱)≫가 길림인민출판사(吉林人民出版社)에서 출판됨.

12월 9일~12월 11일 홍콩중국어문학회(香港中國語文學會)와 홍콩중문대학(香港中文大學) 오다태중국어문연구센터(吳多泰中國語文研究中心)가 공동 주관하고 홍콩중문대학(香港中文大學) 중문과가 후원한 "1997년과 홍콩중국어문"심포지엄이 홍콩중문대학(香港中文大學)에서 거행됨. 참석자들은 홍콩 반환이후의 어문정책, 중문교육, 보통화, 번체자문제에 대한 각자의 의견을 제시하고 미래의 특별행정구정부를 위해 대책을 제시.

12월 25일 문자개혁과 현대한어규범화사업 40주년을 기념하는 대회가 북경인민대회당 뉴스센터에서 거행됨. 중국공산당중앙정치국위원(中國共産黨中央政治局委員), 국무원(國務院) 부총리 이람청(李嵐淸)이 당중앙, 국무원(國務院)을 대표하여 연설. 허가로(許嘉璐)가 대회를 주관. ≪인민일보(人民日報)≫는 ≪전 사회에서의 언어문자규범의식의 수립≫이 제목인 사설을 발표.

12월 25일~12월 28일 국가언어문자작업위원회(國家語言文字工作委員會)가 후원하고, 언어문자응용연구소(語言文字應用研究所)가 주관한 제 1회 전국 언어문자응용학술심포지엄(第一回全國語言文字應用學術研討會)이 北京 향산(香山)에서 거행됨. 200명에 가까운 학자가 참가하였으며, 회의기간 중 중국응용언어학회가 성립되었으며, 진장태(陳章太)가 회장으로 선출됨. 회의소식과 심포지엄 내용은 ≪언어문자응용(語言文字應用)≫ 1996년 제2기에 게재.

12월 26일 국가언어문자작업위원회(國家語言文字工作委員會)가 북경에서 전국 각성, 자치구, 직할시와 중앙 직속 중점 개발도시의 언어문자작업위원회 주임작업회의(語言文字工作委員會主任工作會議)를 개최. 회의 참가 대표자들은 이람청(李嵐淸) 부총리의 문자개혁과 현대한어규범화작업 40주년 기념대회(現代漢語規範化工作四十周年記念大會)에서의 연설내용을 학습하였으며, 1995년의 작업을 총괄하고, 1996년의 임무를 논의.

1996

4월 17일 국가언어문자작업위원회(國家語言文字工作委員會) 보통화훈련시험센터와 홍콩대학(香港大學)이 홍콩(香港)에서 쌍방이 장차 홍콩(香港)에서 보통화 보급 활동 업무를 협력하기로 서명.

6월 7일 국가언어문자작업위원회(國家語言文字工作委員會)가 北京에서 언어문자작업위원회회의(語言文字工作委員會會議)를 개최. "국민경제와 사회발전 아홉 번째 5개년 계획기간중의 국가언어문자사업계획"을 심의하고 통과시킴.

9월 11일~9월 13일 방송영화텔레비전국(廣播電影電視局)이 北京에서 전국방송통신언어작업회의(全國廣播影視語言工作會議)를 개최하여 방송통신계의 언어문자사업을 주제로 한 토론을 진행. 중앙, 직할시, 각성 방송(영화)통신부(廣播(電影)電視部)(청(廳), 국(局))와 방송국 책임자 100여명이 참석. 방송영화통신부(廣播電影電視部) 부장 장손가(長孫家)가 《방송영화텔레비전 언어문자응용사업의 강화》라는 보고를 하였고 국가언어문자작업위원회(國家語言文字工作委員會) 주임 허가로(許嘉璐)는 《규범의식, 방송어문 수준의 향상》이라는 제목으로 보고를 함. 중국사회과학원(中國社會科學院) 언어연구소 소장 강람생(江藍生)은 주제보고를 함.

10월 ≪보통화기초방언기본어휘집(普通話基礎方言基本語彙集)≫
이 어문출판사(語文出版社)에서 출판됨. 이 책은 합계 5권으로, 진장
태(陳章太), 이행건(李行健)이 편집하고 100명에 가까운 방언학자가
집필에 참가했으며, 시간은 6년이 걸림.

1997

3월 25일~3월 27일 심천홍콩언어연구소(深圳香港語言硏究所)와
심천언어문자작업위원회(深圳語言文字工作委員會)가 공동으로 제5
회 2중언어2중방언심포지엄(국제)을 심천과학관(深圳科學館)에서 개
최. 참가자는 대표 60명.

12월 ≪어문건설(語文建設)≫제12기에 "국가언어문자작업위원회
의 보통화 수준시험 관리 작업에 관한 약간의 규정(시행)"을 게재.

12월 23일~12월 26일 국가언어문자작업위원회(國家語言文字工作
委員會)가 北京에서 다시 개최됨. 회의에는 라디오, TV부와 신문출판
서, 문화부, 민정부(民政部), 해방군(解放軍) 등 국가언어문자작업위원
회(國家語言文字工作委員會) 단체와 기타 이와 유관 단체 대표, 각
성, 자치구, 직할시언어문자작업위원회 책임자와 언어문자학자 등 총
200여명이 참석. 23일, 국무원(國務院) 부비서장(副秘書長) 이수문(李
樹文)이 중국공산당중앙정치국상무위원(中國共産黨中央政治局商務
委員)이자 국무원(國務院) 부총리인 이람청(李嵐淸)의 중요 서면연설
인 ≪잘 진행된 언어문자작업은 현대화 건설을 위해 봉사한다.≫를
낭독. 이람청(李嵐淸)은 연설에서 모든 사회에서 사용되는 언어와 문
자 규범화의 수준을 향상시키기 위해서는 첫째, 보통화를 학교에서의
언어로 삼아야 하고, 둘째, 공무원은 교사와 같이 보통화를 의무적으
로 말해야 하며, 셋째, 신문, 방송, 영화와 텔레비전 등의 매체 뿐 아니

라 모든 공공장소의 상표, 선전표어와 광고, 네온사인은 반드시 정확한 언어, 규범화된 문자, 완정된 자형을 사용해야 한다고 강조.

국가언어문자작업위원회(國家語言文字工作委員會) 주임 허가로(許嘉璐)대표가 국가언어문자작업위원회(國家語言文字工作委員會)에서 ≪언어문자작업의 새로운 국면의 개척은 사회주의 현대화건설 사업이 21세기로 향하기 위한 봉사이다.≫란 제목으로 사업 보고를 함. 보고에서 "보통화의 보급은 국민의 보편적인 보통화 응용능력을 촉진시키고 또한 필요한 장소에서 자발적인 보통화사용을 촉진시키는 것은 주체화의 원칙을 견지하는 것이다. 보통화 보급은 방언의 소멸이 아니고 방언은 적은 장소에서 그 자체의 사용가치가 있으며 이는 다양화의 원칙을 철저하게 실현하는 것이다."라 강조.

국가교육위원회(國家敎育委員會) 부주임 유빈(劉斌)과 라디오, TV 방송부 부장 장손가(長孫家)가 각각 교육계와 방송통신계를 대표하여 연설. 회의기간 중 대표들은 이람청(李嵐淸)의 연설과 허가로(許嘉璐)의 사업보고를 둘러싸고 언어문자와 유관한 사업상의 경험과 직면한 상황과 앞으로의 임무에 관한 토론을 진행.

국가언어문자작업위원회(國家語言文字工作委員會)는 각성, 자치구, 직할지, 중앙 직속 중점 개발도시의 언어문자작업위원회 주임회의(語言文字工作委員會主任會議)를 개최하고, 1998년 시행하여야 할 언어문자 유관 사업을 결정. 26일, 국가언어문자작업위원회(國家語言文字工作委員會) 당조직서기, 부주임 주신이 총괄 연설을 함. 1998년 2월 13일에 출판된 ≪어문건설(語文建設)≫ 1998년 제2기 전국언어문자사업회의 전집에 상술한 문장이 게재됨.

12월 27일 국가언어문자작업위원회(國家語言文字工作委員會)가

北京에서 언어문자작업현장회의(語言文字工作現場會)를 개최. 출석한 언어문자작업위원회(語言文字工作委員會)의 대표들은 동안(東安) 기업 장안(長安)백화점, 북경(北京)방송국, 창평현 언어문자작업위원회(昌平縣語言文字工作委員會), 항공박물관(航空博物館), 명나라 황제 밀랍 인형관 언어문자관리소의 소개를 청취하였으며, 상술한 기업과 북경시(北京市) 길거리의 언어문자 사용상황을 조사.

1998

3월 17일 중국공산당중앙선전부(中國共産黨中央宣傳部), 국가교육위원회(國家敎育委員會), 방송영화통신국(廣播電影電視局), 국가언어문자작업위원회(國家語言文字工作委員會)가 연합하여 "전국보통화선전주일활동의 확대에 관한 통지"를 공포. 국무원(國務院) 제134차 총리사무회의비준을 거쳐, 1998년부터 매년 9월의 셋째 주일에 전국에서 "보통화선전주일(普通話宣傳週日)" 활동을 전개할 것이라는 내용을 발표.

5월 19일 "제 1회 전국 보통화 보급 선전주일 화상전화회의"를 개최하여 국가언어문자작업위원회(國家語言文字工作委員會) 주임 허가로(許嘉璐)가 ≪인식을 향상시키고, 합심하여 협력하여 제1회 보통화 보급 선전주일활동을 잘 처리한다.≫라는 연설을 하였으며 중앙선전부(中央宣傳部) 부장 유붕(劉鵬)이 ≪보통화보급을 정신문명창립활동의 안으로 포함시킨다.≫라는 내용의 연설을 함.

7월 13일 ≪어문건설(語文建設)≫ 제7기에 국가언어문자작업위원회(國家語言文字工作委員會)가 제정한 "제1회 전국 보통화 보급 선전주일 선전개요"와 "제1회 전국 보통화 보급 선전주일 선전구호"를 게재, 이는 제1회 선전주일의 선전 강령이 됨.

8월 15일 ≪언어문자응용(語言文字應用)≫제3기에 중국 사회과학대학 대학원의 언어문자응용학과 석사과정생 손적농(孫積農)의 ≪보통화보급의 중요한 창구- 중앙방송국 뉴스네트워크방송으로부터 본 보통화보급≫을 게재. 논문 개요는 1998년 3월 중앙방송국 뉴스네트워크방송 중 보통화를 말하는 상황에 대하여 분석한 것으로, 첫째, 보통화사용이 보편적이며 교사, 학생, 예술가, 학자의 사용상황은 좋은 편이며, 둘째로, 새 시대의 국가지도자는 보편적으로 보통화를 사용하고 있으며, 셋째로, 군인의 보통화 사용상황은 낙관적이지 않으며, 넷째로, 북방방언구에서 보통화의 사용율은 낮은 편이며, 특히 하남(河南), 산동(山東)에서 방언을 말하는 사람이 비교적 많다는 내용. 1998년 9월 13일~19일은 첫 번째 보통화보급 선전주일기간으로, 9월 13일 ≪문회보(文匯報)≫, 9월 18일 ≪북경청년보(北京青年報)≫와 이후 9월 29일에 ≪중국교육보(中國敎育報)≫에서 모두 이 문장과 관련있는 내용을 게재.

8월 18일~8월 20일 국가언어문자작업위원회(國家語言文字工作委員會)가 주관하고, 언어문자응용연구소(語言文字應用研究所), 중국응용언어학회(中國應用語言學會), 흑룡강대학(黑龍江大學), 흑룡강성 언어문자작업 위원회(黑龍江省語言文字工作委員會)가 후원한 제2회 전국 언어문자응용 학술심포지엄((第二回全國語言文字應用學術研討會))이 하얼빈시(哈爾濱市) 흑룡강대학(黑龍江大學)에서 거행됨. 허가로(許嘉璐)는 회의에서 중국의 응용언어학의 진일보한발전을 위한 3가지 의견을 제시. 첫째, 이론 설립의 강화, 둘째, 응용언어학의 대학수업으로의 진입, 셋째로, 지식의 갱신을 강조. 진장태(陳章太)도 세 가지 의견을 제시. 첫째, 언어 관념의 조정, 둘째, 언어조사의 강화, 셋째, 학풍의 개선을 제시. 10월 13일 출판된 ≪어문건설(語文建設)≫ 제10기에 허가로(許嘉璐)와 진장태(陳章太)의 연설이 게재됨. 회의논 문집 ≪세기의 교차점에서의 중국응용언어학연구≫는 화어교학출판 사(華語敎學出版社)에서 1999년 12월에 출판됨.

9월 14일 ≪인민일보(人民日報)≫가 ≪대대적인 보통화 보급≫이 란 평론가의 문장 발표.

9월 16일 국가언어문자작업위원회(國家語言文字工作委員會)가 인 민대회당(人民大會堂)에서 제1회 전국 보통화보급선전주일 좌담회(第 一回全國普通話普及宣傳周日座談會)를 개최. 국가언어문자작업위 원회(國家語言文字工作委員會) 주임 허가로(許嘉璐), 교육부 부부장 여복원(呂福源) 등이 발표하고, 11월 13일에 출판한 ≪어문건설(語文 建設)≫제11기에 허가로(許嘉璐), 여복원(呂福源)의 발표문과 기타 참석자들의 발언도 요약하여 게재.

10월 홍콩 ≪어문건설통신(語文建設通訊)≫제57기에 도덕회(姚德 懷)의 ≪"규범보통화"와 "대중보통화"≫가 실려 열띤 논쟁을 야기함.

11월 24일~11월 27일 인사부, 교육부, 국가언어문자작업위원회(國 家語言文字工作委員會), 국가방송영화통신총부(國歌廣播電影電視 總部), 광동성인민정부(廣東省人民政府)가 주관하고 광주시언어문자 작업위원회(廣州市語言文字工作委員會)가 개최한 제 2회 전국 공무 원 보통화대회(第二回全國公務員大賽)가 광주시(廣州市)에서 거행 됨. 해방군대(解放軍隊), 하남대(河南大), 하북대(河北大)가 단체대회 1,2,3위 획득.

12월 17일~12월 18일 마카오 언어학회(澳門語言學會)가 마카오 (澳門)에서 "언어계획의 이론과 실천"학술토론회를 개최. 참석자들은 미래 마카오특구의 정부가 반드시 언어정책을 세우고 포르투갈어의 미래의 발전추세와 언어계획과 유관한 몇 가지 이론상의 문제를 토론.

1999

5월 12일 인사부, 교육부, 국가언어문자작업위원회(國家語言文字工作委員會)가 국가공무원보통화훈련(國家公務員普通話培訓) 확대에 관한 통지를 공포.

6월 11일~6월 13일 심천시 언어문자작업위원회((深圳市語言文字工作委員會)와 심천홍콩언어연구소(深圳香港語言研究所)가 공동으로 제 6회 2중언어, 2중방언 심포지엄을 심천에서 개최.

8월 9일 "중국 언어문자 사용의 현황조사"의 개시 의식이 北京에서 거행됨. 국무원(國務院)의 동의를 거쳐 교육부와 국가언어문자작업위원회(國家語言文字工作委員會)가 조직하여 실시한 이 작업은 장차 전국에서 부단히 전개하기로 결의. 이 조사의 목적은 비교적 정확하게 중국 국민이 사용하는 언어와 문자의 실제 상황, 습관과 태도를 이해하는 것임. 언어방면에서는 보통화의 사용실태, 중국어의 100종에 이르는 방언의 사용실태와 60여종의 소수민족언어의 사용실태를 조사하는 것에 중점을 두고, 문자방면에서는 한자의 간체자, 번체자, 30여종의 소수민족문자와 한어병음의 사용실태를 조사하는 것에 중점을 둠. 조사대상은 대만(臺灣), 홍콩(香港), 마카오(澳門)를 제외한 15-69세의 중국국민, 교사, 대학생, 중학생, 상업종사자, 의료관련 종사자자와 대중매체종사자. 이 계획은 2001년까지 실시하기로 하고, ≪어문건설(語文建設)≫ 1999년 제6기에 허가로(許嘉璐), 여복원(呂福源), 주신균(朱新均)의 회의에서의 발언이 게재됨.

9월 능원징(凌遠徵)이 주편한 ≪호교목(胡喬木)의 언어문자에 대한

담화≫가 인민출판사(人民出版社)에서 출판됨. 1936년 6월부터 1991년 7월 27일까지의 56편이 수록됨.

9월 12일~9월 18일 제2회 전국보통화보급선전주일(第二回全國普通話普及宣傳周日). 주제는 "보통화보급, 신세기 영접". 12일 이람청(李嵐淸)이 ≪대대적인 보통화 보급, 언어와 문자의 규범화 촉진, 현대화건설을 위한 좋은 언어 환경의 수립≫이란 제목으로 서면 연설을 함. 13일 ≪인민일보(人民日報)≫는 ≪계속적이며 대대적인 보통화 보급≫이라는 문장을 발표. 14일 각계 인사가 북경인민대회당(北京人民大會堂)에서 제 2회 전국보통화보급선전주일 좌담회(第二回全國普通話普及宣傳周日座談會)를 거행.

2000

3월 허가로(許嘉璐)의 ≪미완성집-새로운 시기의 언어문자작업을 논하다≫가 어문출판사(語文出版社)에서 출판되었으며, 여기에는 작자가 국가언어문자작업위원회(國家語言文字工作委員會) 주임으로 재임한 기간동안 언어문자와 유관한 사업에 연설과 문장 101편을 수록됨.

10월 25일~10월 28일 中國語文現代化學會의 제 4차 학술회의(中國語文現代化學會議第四次學術會議)가 하문(廈門)에서 거행되됨. 여기에서 발표된 논문들은 어문현대화이론, 한어병음방안의 개선, 표음자모 표기규범, 한어병음과 보통화의 보급, 중문정보처리기술, 한자의 간단화와 규범 등의 문제를 포함.

10월 31일 ≪중화인민공화국 국가통용 언어문자법(中華人民共和國國家通用語言文字法)≫이 제9회 전국인민대표대회 상무위원회(第九回全國人民代表大會商務委員會) 제18차 회의에서 통과되어, 2001

년 1월 1일부터 시행됨. 어문출판사(語文出版社)는 2001년 1월 전국 인민대표과문위위원회(全國人民代表教科文衛委員會) 교육실, 교육부언어문자응용관리부(敎育部語言文字應用管理部)가 편저한 ≪중화인민공화국 국가통용 언어문자법 학습교과서(中華人民共和國國家通用語言文字法學習讀本)≫를 출판.

12월 왕건화(王建華)가 주편한 ≪21세기 언어문자응용 규범론 분석(二十一世紀語言文字應用規範論分析)≫이 절강교육출판사(浙江敎育出版社)에서 출판됨.

2001

5월 30일~6월 1일 국가언어문자작업위원회(國家語言文字工作委員會)는 강소성(江蘇省) 무석(無錫)에서 "언어문자응용연구의 '15'과학연구계획 심의회의"를 개최. 5월 30일 교육부부부장, 국가언어문자작업위원회(國家語言文字工作委員會) 주임 원귀인(袁貴仁)이 "규범기준건설을 핵심으로 하여 언어문자응용연구의 신국면을 창립한다." 라는 주제 보고를 함. 연설문은 ≪언어문자응용(語言文字應用)≫ 제3기에 수록.

6월 6일 ≪인민일보(人民日報)≫는 "본 간행물의 논설위원"의 문장 ≪조국의 언어의 순결과 건강을 위한 계속적인 분투≫를 발표.

9월 18일 도시언어문자작업 평가참관 심포지엄이 하얼빈(哈爾濱)에서 개최됨. 교육부 부부장(副部長), 국가언어문자작업위원회(國家語言文字工作委員會) 주임 원귀인(袁貴仁)이 ≪도시평가 작업을 잘하고 신세기 언어문자작업의 모표를 실현하기 위한 노력≫이라는 제목의 보고를 함.

2002

5월 25일~5월 27일 제1회 전국보통화수준시험학술 심포지엄(第一回全局普通話水平測試學術硏討會)이 양주(揚州)에서 거행됨. 심포지엄은 교육부와 언어문자응용연구소(語言文字應用硏究所), 국가언어문자작업위원회(國家語言文字工作委員會) 보통화훈련시험센터가 주관하였으며 강소성교육청(江蘇省敎育廳), 양주대학교(揚州大學校)가 개최한 것.

8월 17일~8월 18일 ≪보통화수준시험개요(普通話水平測試大綱)≫ 학술위원회 회의가 北京에서 개최됨.

2003

5월 21일 교육부 부장 주제(周濟)는 교육부 제 16호령인 ≪보통화수준시험관리규정(普通話水平測試管理規定)≫을 공포. 2003년 5월 15일 경제부장 업무회의에서 통과되어 2003년 6월 15일부터 시행됨.

5월 27일 교육부의 언어문자응용관리부(語言文字應用管理部)가 ≪보통화수준시험작업 지도평가기준(普通話水平測試工作評估指導基準)≫의 통지를 공포.

5월 27일 교육부의 언어문자응용관리부(語言文字應用管理部)가 ≪보통화수준시험규정(普通話水平測試規定)≫의 통지를 공포.

6월 15일 국가언어문자작업위원회(國家語言文字工作委員會)의 언어문자응용관리부(語言文字應用管理部)가 반포한 ≪보통화수준시험관리규정(普通話水平測試規定)≫의 총 28조가 시행되기 시작함.

10월 14일 교육부 국가언어문자작업위원회(國家語言文字工作委員會)가 ≪보통화수준시험개요(普通話水平測試大綱)≫의 통지를 공포.

2004

1월 국가언어문자작업위원회(國家語言文字工作委員會)의 보통화

훈련시험센터가 편집한 ≪보통화수준시험실시개요(普通話水平測試實施綱要)≫가 상무인서관(商務印書館)에서 출판됨.

이행건(李行健)이 편집한 ≪현대한어규범사전(現代漢語規範詞典)≫이 외국어교학과 연구출판(外語敎學與硏究出版)과 어문출판사(語文出版社)에서 출판됨. 약 68,000조의 어휘가 수록됨.

이러한 일련의 정책이나 활동들의 주된 내용들은 다음과 같이 요약될 수 있다.

첫째, 표준어인 보통화의 보급이다. 중국어 내에는 다양한 방언이 존재하고 있으며, 방언 간에는 의사소통이 되지 않아 방언 사이의 동시통역사라는 직업이 있을 정도이다. 그리고 한족을 제외한 55개의 소수 민족들 중 상당수는 자신의 언어와 문자를 사용하고 있기 때문에 중앙 정부로서는 표준어의 보급이 무엇보다 시급하다고 하겠다. 1955년 보통화가 제정된 이후 지금까지 55여년에 흘렀음에도 보통화의 보급률은 80%정도를 상회하고 있을 정도이며, 대도시와 농촌 사이에 큰 차이가 존재한다.

둘째, 간화된 한자의 보급이다. 아편전쟁이후 중국이 서양에 뒤진 이유 중 하나가 높은 문맹률이었다는 인식으로 지식계층으로부터 꾸준히 한자의 개혁에 관한 문제가 제기되어왔다. 중화인민공화국이 건국한 이후 정책적으로 한자에 대한 개혁을 단행하여 간화된 한자(簡體字)를 제정하여 공포하고 국민들로 하여금 사용하게 하였다. 그러나 여전히 전통적인 正字(繁體字)를 사용하는 계층이 존재하고 있는 반면, 오히려 한자를 너무 간화시켜 간체자의 표준 자형을 벗어나는 다양한 異體字가 존재하여 이를 표준화할 필요성이 시급하게 요구된 상

황이다. 이에 국가에서는 정책적으로 이러한 혼란 현상을 막고, 간체
자와 번체자의 사용범위를 규정하고 있는 것이다.

셋째, 어휘의 표준화이다. 다양한 방언이 존재함에 따라 방언 사이
에 어휘가 통일되지 않기 때문에 이를 표준화할 필요가 있고, 대만이
나 홍콩에서 사용되는 어휘가 아무런 여과과정 없이 중국인의 언어생
활에 침투해 사용되고 있는 경우도 많기 때문에 정책적으로 규제를 할
필요가 있을 것이다. 또한 외래어의 경우도 대만이나 홍콩에서 사용하
여 오던 것을 그대로 사용하기도 하여 이를 규제할 필요가 있고, 어떤
경우에는 방언의 음에 의거하여 외래어를 표기함으로써 방언 사이에
상이한 외래어가 존재하여 혼란을 초래하고 있기 때문에 이에 대한 표
준화도 정책적으로 유도하고 있다. 그리고 사회가 변화 발전함에 따라
자연적으로 발생하는 신조어에 대한 표준화 정책을 들 수 있다. 계층,
직업, 지역, 연령 등에 따라 신조어가 서로 다르게 사용됨에 따라 언어
생활에 많은 혼란이 생기게 되었고, 정부는 주도적으로 이러한 혼란
현상을 막고 표준화를 위한 정책을 수립하고 시행하고 있는 것이다.

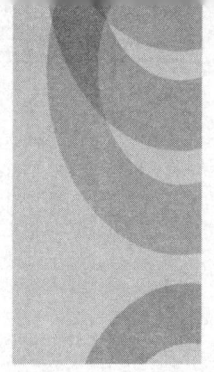

프랑스의 공공언어정책

장인봉

1. 언어정책 관련법

1539년 빌레르-코트레 법령 이후 프랑스어는 프랑스 국가의 정체성을 구성하는 요소로 자리잡았다. 오늘날 프랑스는 정부차원에서 공식적으로 언어정책을 담당하는 유일한 국가로서, 1975년의 "바-로리올법 (Loi Bas-Lauriol)"을 통해 시청각, 상업(광고, 사용 설명서 등) 등 다양한 분야에서 프랑스어를 의무화하였다.

1990년대에 들어서는 법률적으로 더욱 강화되고 통일된 면모를 보여, 1992년에는 언어에 관한 조항(2항 : "프랑스의 언어는 프랑스어이다")이 헌법에 포함되었다. 이 원칙에 기반을 두고 1994년 이른바 "투봉법(Loi Toubon)"이 제정되었다. 당시 문화부 장관이던 투봉의 이름으로 알려진 이 법은 1975년 법을 강화한 것으로, 언어의 풍부화, 프랑스

어 사용 의무화 그리고 국가어로서 프랑스어 보호 등 세 가지 주요 목
표를 내세움으로써, 영어의 확장으로 위협받는 프랑스어의 우위를 보
장하고자 한다.

이후 1996년 7월 3일 법률은 프랑스어 풍부화에 관련된 법으로, 공
공 기관에서 프랑스어 용어를 사용하도록 의무화한다. 11항에 따르면,
관보(Journal officiel)에 출판된 용어는 해당 외국어 용어 대신 의무적
으로 사용되어야 한다.

이러한 법률 적용은 분야별로 광고 검열국, 시청각 고등 위원회, 프
랑스어 보호연합 등이 감독한다.

2. 언어정책 기관

헌법 2항에 따르면, "언어 관계는 공동체에 소속감을 만들기 때문
에, 사람들을 연결시키는 모든 관계들 중에서 가장 강력하다. 관계의
세계화와 유럽 구조의 진보를 통해 언어 관계는 계속 발전하므로, 공
권력은 프랑스 영토에서 프랑스어의 우위를 보장하는 동시에 유럽과
세계의 문화적 다양성 향상에 공헌하고 사회적 단결에 기여하는 언어
정책을 재확립해야만 한다."

아울러 이러한 언어정책을 주관하는 책임부서로 문화부(Ministère de
la culture et de la communication)를 헌법에 명시하고 있다.

1. 프랑스어와 프랑스의 언어 총괄위원회

(Délégation générale à la langue française et aux langues de France, 이하
총괄위원회, DGLFLF)

문화부 산하에 각 부처활동을 총괄하는 기관인 "프랑스어와 프랑스
의 언어 총괄위원회"가 언어정책을 주관한다.

이 기관은 1966년 당시 퐁피두 총리가 프랑스어 보호와 확장을 위
해 총리 산하 최고 위원회를 만든 이후 여러 번의 변화를 거쳐, 프랑스
의 언어적 다양성을 국가가 인정한다는 점을 표시하기 위해 이전의 프
랑스어 총괄위원회(Délégation générale à la langue française)에 "프랑스
의 언어들(langues de France)"을 첨부하여 2001년 이후 오늘날의 명칭
을 지니게 되었다.

총괄위원회(DGLFLF)는 심사, 조정하는 역할을 하고, 법률 검사(프
랑스어 사용에 관련된 1994년 투봉법)를 보장하며, 협력 기관(프랑스
어 고위 자문위원회, 전문용어 및 신조어 총위원회)과 협조한다.

1.1. 임무 : 언어정책의 5가지 특성

① 국민에게 프랑스어 권리를 보장한다.

프랑스 국민은 정보를 받고 프랑스어로 표현하는 권리를 법으로
보장받는다. 총괄위원회는 프랑스어에 관련된 법률, 특히 1994년
투봉법 적용의 각 부처간 조정과 시행을 보장한다.

② 프랑스어가 사회적 단결에 기여하도록 한다.

프랑스어를 자유로이 구사하는 것은 개인적 완성의 조건이며, 사

회에 전문적으로 참여하고, 지식과 문화에 접근할 수 있는 조건이
다. 총괄위원회는 이를 전개하기 위한 활동의 하나로 이민자들의
정착을 돕는 프랑스어 기초증(DILF)을 만든다.

③ 프랑스어를 풍부하게 하고 현대화한다.
새로운 단어들이 끊임없이 생김에 따라, 총괄위원회는 프랑스어
풍부화에 관한 각부 공동기관의 중심에 선다. 신조어 제작에 협력
하는 여러 관계기관들(전문용어 및 신조어 총위원회, 아카데미 프
랑세즈, 각 부처 전문 위원회)을 지지하고 조정하는 한편, 대중이
이를 사용할 수 있게 한다.

④ 언어의 다양성을 돕는다.
언어간의 교류와 접촉이 다양화되면서 특히 유럽 차원에서 다언어
주의를 향상하는 정책을 지향한다. 이를 위한 구체적인 활동으로
는 다음과 같은 것이 있다 :
- 평생 외국어 습득
- 특히 같은 어군에 속한 언어의 이해(교육법 제작과 전파)
- 새로운 번역 정책 실행(번역 관련 직업 향상, 번역 도움체제 구
  축, 자동번역 발전).

⑤ 프랑스 내 언어들에 가치를 부여한다.
프랑스의 언어들은 프랑스 영토에서 오랫동안 프랑스 국민이 사용
하는 언어들로서 다른 나라의 공식언어가 아닌 언어를 가리킨다.
플라망어, 바스크어, 코르시카어, 크레올, 타이티어 등의 "지역어"

와 방언 아랍어, 이디쉬어, 베르베르어 등 "소수어"가 이에 해당한다. 프랑스어 외에 이러한 지역어, 소수어도 프랑스 문화를 구성한다는 점에서, 언어와 문화의 다양성을 향상하는 데 기여하고자 총괄위원회는 연극, 노래, 책 등을 통한 이런 언어들의 가치부여를 위해 후원한다.

1.2. 활동과 협력기관

A. 활동

총괄위원회는 1996년 7월 3일 법령을 적용하고자 한다. 총괄위원회는 전문용어와 신조어 총위원회의 후원부서로서 프랑스어 풍부화에 관한 행정적 활동을 조정하고, 부서의 원활한 기능과 추천 용어 전파에 주력한다.

① 인적 지원

프랑스어 풍부화 규정의 검사를 확실하게 실행하기 위해, 총괄위원회는 '언어 발전과 현대화 부서'라는 부서를 배치하고, 전문용어 취급 외에 언어의 전산처리, 프랑스어 발달에 관련된 모든 문제들을 다루도록 한다. 이 부서의 구성원 중 최소 한 명이 여러 위원회의 모든 회의에 참석한다.

전파에 있어서도 총괄위원회와 사이트 *FranceTerme*(관보에 출판된 용어 외에, 네티즌을 위한 교류 공간을 비롯한 다양한 항목을 제공한다)의 용어 데이터베이스를 규칙적으로 경신한다.

② 재정적 지원

1996년 7월 3일 법령에 따라, 총괄위원회는 아카데미 프랑세즈 등 프랑스어 풍부화 부서의 협력기관들에게 재정적 지원을 한다. 국립과학연구재단(CNRS)의 신조어와 전문용어 연구소에 연구원 채용과 자료연구에 재정적 지원을 한다.

B. 협력기관

▶ 과학원

과학원의 종신 사무국장은 전문용어 총위원회의 당연직 위원이다. 법령에 따라 과학원은 각 부처 전문 위원회의 활동에도 참가한다.

▶ 다른 프랑스어권 나라들의 기관들

특히 화학, 핵과학 분야의 전문용어에 대해서 스위스, 캐나다, 벨기에 등 프랑스어권의 전문가들이 전문 위원회에 포함된다.

▶ 국립과학연구재단의 언어학 이론사 연구소

파리 7대학에 연계된 국립과학연구재단의 신조어와 전문용어 연구소는 프랑스어 풍부화 부서에 자료를 제공하는 데에 협력한다. 연구소장은 전문용어 총위원회 대부분의 회의에는 전문가 자격으로 그리고 전문 위원회의 회의에는 위원의 자격으로 참석하였다.

▶ 프랑스어 규범화 협회(Afnor)

프랑스어 풍부화 작업은 규범화 연합이 추진하는 국제 규범화 작업과의 협력 하에 이루어진다. 이 연합은 전문 위원회와 전문용어 총위원회의 당연직 위원이다.

2. 전문용어 및 신조어 총위원회

(Commission générale de terminologie et de néologie, 이하 전문용어 총위
원회)

총리 직속기관으로 프랑스어를 풍부하게 하기 위한 중심 부서이다.
위원회는 19명의 위원으로 구성된다. 위원장은 총리가 임명하고 임기
는 4년이다. 이 밖에 5명의 당연직 위원으로 아카데미 프랑세즈 종신
사무국장, 과학원 종신 사무국장, 총괄위원회 대표, 규격화 프랑스 협
회장이 있다. 이 밖에 13명의 위원들은 관련 부처의 추천을 받아 문화
부 장관이 임명하며 임기는 4년이다.

프랑스어의 풍부화를 위해 1996년 법령으로 창설된 전문용어 총위
원회는 특히 경제 활동, 과학 연구, 기술 활동, 법률 활동 등에서 생기
는 표현의 필요를 고려하여 프랑스어를 보충하는 임무를 띤 각 부처간
공동 전문용어 기관의 중심에 위치한다. 전문용어 총위원회는 지침이
될 수 있는 새로운 용어들을 제시함으로써, 작업의 일관성과 조화를
보장하고 이 용어들을 출판하는 책임을 진다.

전문용어 총위원회는 매년 활동 보고서를 작성하고, 대중에게 알리
기 위해 인터넷을 활용하는 한편(www.dglf.culture.gouv.fr), 관보에 새
로운 용어들을 모두 제시한다. 연차 보고서는 프랑스어의 풍부화를 담
당하는 기관의 활동을 제시하는 것으로 총괄위원회와 공동 책임 아래
전문용어 총위원회가 작성하고, 그 상위부서인 총리와 문화부 장관의
이름으로 제출한다.

보고서 내용은 전문용어 및 신조어 총위원회, 아카데미 프랑세즈의
활동에 이어, 각 부처별 전문용어 및 신조어 전문 위원회의 활동 보고,
총괄위원회의 역할과 협력기관들로 구성되어 있다. 보고서의 끝에는
언어정책 관련법과 관보에 출판된 전문용어와 신조어의 목록으로 구
성된 부록이 제시되어 있다.

2.1. 활동 방법과 공동작업 절차
(1) 활동 방법
▶ 신조어의 선택 기준
신조어 선택 원칙은 특히 새로운 용어의 시의적절성과 필요성, 명
확성, 개념의 명료성, 그리고 프랑스어의 형태·통사체계에 부합 등
이다.

▶ 정의
프랑스어 풍부화 기관이 만든 목록에서 정의의 목적은 흔히 복잡
한 전문적 현실을 보고하는 것이다. 전문용어 총위원회는 특히 이
점에 유의하여 전문 위원회가 제안한 정의들을 개선하는 데 유의
한다. 이 때 아카데미 프랑세즈의 도움도 결정적이다.

▶ 입법과 행정명령 텍스트에 사용된 어휘
프랑스어 풍부화에 대한 규정을 적용하여 전문용어 총위원회에서
승인한 어휘는 관보에 제시된 행정·법률·기술적 정의를 공식화하고
자 하지는 않는다. 또한 행정부에서 사용한 개념이나 표현들을 표
준화하고자 하지도 않는다.

해당 부처에서 제시하는 정의는 프랑스어의 풍부화라는 근본 원칙에 부합하지 않을 수도 있으므로, 전문용어 총위원회는 이 근본 원칙과 행정·법률적 정의가 제안하는 것 사이에서 선택해야 하는 임무가 있다. 분야에 따라 비율이 상당히 다양할 수 있는데, 전문용어 총위원회는 제출된 작업들의 질 등을 고려하여 아카데미 프랑세즈에 전달여부를 결정한다. 두 유형 사이의 선택은 전문 위원회의 작업시에 미리 이루어지고, 필요한 경우 총괄위원회의 도움을 받아 전문용어 총위원회에 목록을 제출할 때 위원회가 자체적으로 선별을 시작한다.

이런 절차를 거쳐 선택된 전문용어들의 전파는 각 행정부처의 고유 경로(관보, 인트라넷 등)를 거친다. 반면 프랑스어의 풍부화를 목표로 하는 제안들을 출판하기 위해서는 반드시 전문용어 총위원회를 거쳐야 한다.

▶ 전문용어와 표준화

특히 환경, 핵공학분야 등을 비롯한 전문 분야들이 용어들을 표준화하기 위해서는 프랑스어 규범화 협회(Afnor)가 전문용어 총위원회와 각 전문 위원회에 참여해야 한다.

(2) 공동작업 절차

각 목록에 대해 전문용어 총위원회는 전문용어 총위원회를 비롯하여, 관련 부처 전문 위원회, 아카데미 프랑세즈 사이의 교류체계를 작동시킨다. 아카데미 프랑세즈가 처음으로 의견을 제시하면, 총괄위원회(DGLFLF)가 이 의견을 해당 전문 위원회에 회부하고, 해당 위원회는 아카데미 프랑세즈의 지적에 대한 답변이나 대안을 6주 내에 제출한다. 이는 전문용어 총위원회가 검토하여 아카데미 프랑세즈에 다시 제출할지 여부를 결정한다. 1996년 법에 따라 이런 절차를 거쳐 승인된 용어와 정의들은 초기에 전문 위원회가 제안한 것과 다를 경우 해당 부처장관에게 전달하고, 해당 장관은 전문용어 총위원회가 관보에 출판하는 것에 반대하는 이유를 한 달 이내에 주장할 수 있다.

부처들 간에 제안하는 용어가 다를 경우 전문용어 총위원회의 조정 역할이 중요하다[1].

한편 긴박한 상황인 경우, 전문용어 총위원회는 좀 더 빠른 채택절차를 택한다. 전문 위원회 혹은 직접 어떤 행정기관에서 제안 받은 전문용어 총위원회는 각별히 긴박한 용어를 우선적으로 검토하여 아카데미 프랑세즈에 제출할 수 있다. 2005년 이후 체계적으로 실행된 이 절차는 일반 대중에 관련된 분야에서 프랑스어 용어의 필요성에 부응하려는 목적이 있다. 문화부 장관의 제안에 따라, 전문용어 총위원회는 기관에 속한 인사들로 제한된 그룹을 구성하고, 이 그룹은 총괄위원회 대표가 진행한다. 이 그룹은 현실성이나 광고 효과를 이유로 언론 매체에서 반복적으로 사용하는 용어들을 연구한다.

2.2. 관보(*Journal officiel*) 출판 및 전파

(1) 관보

전문용어 총위원회의 최종 작업 단계는 관보 출판이다. 목록은 두

---

1) 예를 들어 원자력위원회(CEA), 핵안전기관(ASN), 방사선 방호와 핵안전연구소(IRSN) 대표들 간의 다양한 입장 때문에, *exposition durable*과 *situation d'urgence radiologique*이라는 용어들이 해당 장관들의 요청에 따라 총위원회가 철회하였다.

부분으로 나뉘는데, 우선 용어와 정의 목록, 그리고 외국어와 해당 프랑스어를 모아놓은 등가표이다 (2008/4/17 관보) :

공 지

전문용어와 신조어 총위원회
정보과학 어휘목록

Ⅰ. 용어와 정의

cybersquat, n.m.
  분야 : 법-정보과학/인터넷
  정의 : 현재나 미래의 명성으로부터 물질적, 정신적 이익창출을 위해 상
         표, 이름 등을 등록하여 독점하려는 행위
  주(註) : 예를 들어 그들 중 일부를 되팔려는 목적으로 수많은 이름들을 등
         록하거나 철자 변형을 등록하는 것이다. 이런 경우 "typosquat"라
         고 한다.(영어 : typosquatting)
  관련어 : cybersquatteur
  해당 외국어 : cybersquatting
(...)

Ⅱ. 등가표

A. - 외국어

외국어	분야	프랑스어
cybersquatter	법-정보과학/인터넷	cybersquatteur, -euse, n.
cybersquatting	법-정보과학/인터넷	cybersquat, n.m.

B. - 프랑스어

프랑스어	분야	외국어
cybersquatteur, -euse, n.	법-정보과학/인터넷	cybersquatter
cybersquat, n.m.	법-정보과학/인터넷	cybersquatting

관보의 출판 이후 관공서는 출판된 해당 프랑스어를 의무적으로 사용해야 한다. 2008년 이후에는 새로운 시도를 하였는데, 덜 전문적이면서 널리 퍼져있는 용어와 표현들에 대해 좀 더 일반적인 용어를 추천하는 것이다. 예를 들어, 모래 위에서 행해지는 운동을 가리키는 용어를 구성하는 영어 단어 *beach*에 대해 기존의 프랑스어 *sur sable*을 제시하였다(2008/3/29 관보) :

영어에서는 해변에서 하는 운동을 beach라는 단어를 기본으로 사용한다 : *beach volley-ball, beach hockey, beach handball, beach tennis, beach soccer, beach rugby...*
이 운동들의 공통된 특징적 요소인 모래를 고려할 때, 이 운동들을 규정하기에 프랑스어에서는 *sur sable*이라는 표현이 가장 적합한 듯하다. *hockey sur gazon, sur glace, sur parquet, tennis sur gazon, sur terre battue, sur surface synthéthique* 등이 있으므로, *hockey sur sable, tennis sur sable, volley sur sable* 등을 사용할 수 있다.

(2) - 다른 전파 수단
전문용어 총위원회와 총괄위원회는 제안된 새로운 용어를 전파하기 위해 관보 출판 외에 다른 전파 수단을 사용한다.
전문 위원회들은 각 행정부처와 전문 분야에 전파하고, 일반 대중에게 전파는 총괄위원회가 담당한다.[2]

---

2) 2008년 관보에 따르면, 관보에 출판된 용어의 수는 다음과 같다 :
    2007 : 317 용어. 관보 23출판으로 나누어 출판
        주제별 14 목록, 사용 추천 1건 등
    2008 : 268 용어와 194 외국어 지명. 관보 19 출판
        주제별 13 목록, 사용 추천 1건 등
    2005-2008 : 1,402 용어와 정의, 사용 추천 7 건

3. 아카데미 프랑세즈

아카데미 프랑세즈는 각 부서의 전문 위원회와 전문용어 총위원회의 당연직 위원을 구성하며, 관보에 용어와 정의를 출판하기 위해서는 반드시 아카데미 프랑세즈의 동의를 얻어야 한다.

대부분의 경우 전문용어 총위원회의 제안이 아카데미 프랑세즈의 동의를 받고 출판되지만, 그렇지 못한 경우 아카데미 프랑세즈는 대안을 작성하고, 전문용어 총위원회는 전문가들의 의견을 참고하여 재검토한다.

아카데미 프랑세즈는 전문용어를 일반적인 어휘 맥락 안에 놓고 고려하며, 특히 일상에서 점차 늘어나고 있는 영어식 표현이 출판되는 것은 적절하지 않다고 본다. 반면 전문가들의 관점을 반영하는 전문 위원회의 제안은 아카데미 프랑세즈의 관점과 다를 수 있다. 이 때 전문용어 총위원회의 동의하에 아카데미 프랑세즈와 전문 위원회와의 토론을 통해, 다양한 의견차를 좁히고 공통의 의견을 모색하는데, 대부분 아카데미 프랑세즈가 제안한 개선된 정의가 채택된다[3].

4. 각 부처별 전문용어 및 신조어 전문 위원회

2008년 21월 31일 현재 각 부처 내에 19개의 전문 위원회가 있으며, 11명의 고급 공무원이 업무를 담당한다.

---

3) 예를 들어 2008년 아카데미 프랑세즈는 컴퓨터 분야에서 *cybersquattage* 대신 *cybersquat*를, 원자력 분야에서 *déchet classique* 대신 *déchet ordinaire*을 제안했고, 전문 위원회와 전문용어 총위원회의 동의를 거쳐 채택되었다.

4.1. 활동

전문 위원회의 활동에는 반드시 총괄위원회가 참여한다.

(1) 방침과 방법

첫 번째 임무는 신조어를 만들고 검사하는 것이다. 이는 다음과 같은 세 가지 성격을 띤다 :

- 일부 위원회는 전문용어와 신조어의 규칙적인 검사를 실행한다. 위원회의 전문가들은 전문 간행물, 데이터 은행, 시소러스 등 자료체를 검사한다. 이 임무는 텔레커뮤니케이션, 스포츠, 교통 위원회에서 주로 실행한다. 이렇게 작성된 목록은 시사성과 최신 과학·기술적 발전을 반영하여 프랑스어 풍부화를 위해 가장 유용하고 정당화된 기여를 하도록 한다.

- 다른 위원회들은 각 주제별 용어들을 검토한다. 해당 분야의 완벽한 용어집을 다루는데, 특히 화학, 우주 과학 위원회가 이 임무를 실행한다. 몇몇 분야들의 경우 대학에서 영어로 직접 강의하는 것이 증가하는 추세인 만큼, 이런 작업은 새로운 중요성을 보여준다.

- 프랑스어 풍부화와는 가장 거리가 멀지만, 예를 들어 문화, 교육, 환경, 농업 등 행정·법률 어휘를 연구하는 전문 위원회들의 임무가 있다. 이 작업은 신조어에 해당한다기보다는 이미 프랑스어로 된 개념들의 법률적, 행정적 정의에 대해 상세한 설명을 제공하는

것이다[4]).

5. 프랑스어권 최고 자문위원회(Haut Conseil de la francophonie)

1984년 설립된 이 기관은 대통령 직속 기관으로, 다음과 같은 세 가지 역할을 완수한다 :
- 국가들, 국제 기구들 안에서 언어 변화 관찰
- 다양한 양상 안에서 국제적 프랑스어권에 대한 정보 연구(2년에 한 번씩 전세계 프랑스어권에 대한 보고서 작성)
- 프랑스어권 정치 방향에 대한 분석, 전망, 제안

의장은 국제 프랑스어권 기관의 사무국장이며, 40여명의 국내외 위원으로 구성된다.

6. 프랑스어 고등 자문위원회(Conseil supérieur de la langue française)

총리 산하기관으로 "대통령이 규정하는 방향에 따라, 프랑스 국내외에서 프랑스어 사용, 정비, 풍부화, 발전, 전파에 관한 문제들, 그리고 외국어 정책에 관한 문제들을 연구하는 임무를 지닌다. 총리나 교육부 장관 등이 제출한 문제에 대해 의견을 제시한다. 총괄위원회는 보고서를 고등위원회에 제출한다"(1989년 6월 2일 법령). 사무관은 총괄위원

---

4) 작업은 시사적 주제나 특별한 주제에 대해 이루어질 수 있다. 예를 들어 2008년에는 *film biographique* (문화), *invitation priviligiée* (스포츠) 그리고 *storytelling* 대신 *mise en récit*를 출판하였다.

회가 담당한다.

위원장은 총리이고, 부위원장은 법령에 따라 임명된다. 문화부 장관, 교육부 장관, 프랑스어권 장관, 아카데미 프랑세즈 종신 사무국장, 과학원 종신 사무국장, 전문용어와 신조어 총위원회장 등 당연직 위원과 22명의 위원으로 구성된다.

참고문헌

관련사이트

http://www.dglf.culture.gouv.fr
http://fr.wikipedia.org/wiki/Haut_Conseil_de_la_francophonie
http://fr.wikipedia.org/wiki/Loi_Toubon
http://www.academie-francaise.fr
http://www.culture.gouv.fr
http://www.tlfq.ulaval.ca

말레이시아와 인도네시아의
언어정책

전태현

1. 머리말

말레이시아와 인도네시아 두 나라의 국어는 모두 말레이어(Malay)[1]
이다. 오늘날 두 나라 국어의 명칭이 각각 말레이시아어(Bahasa Malaysia)
와 인도네시아어(Bahasa Indonesia)로 달라졌지만, 두 언어는 언어학적
으로 미미한 차이를 보이는 말레이어의 변종이다.

고대 말레이어의 역사는 서기 682년으로 거슬러 올라간다. 그 해 수
마트라 섬 해안에 세워진 문자비 속에 고대 말레이어의 역사를 밝혀주

---

1) 말레이어는 계통적으로 오스트로네시아어족(Austronesian) 또는 말라요-폴리
네시아어족(Malayo-polynesian)에 속하는 1,200여종의 언어들 중 하나이다. 계통
적으로 Malayo-Polynesian이란 명칭을 최초로 사용한 사람은 독일인 Wilheim
von Humboldt(1767-1835)이다. 그 후 Wilhelm Schmidt(1868-1954)가 Austronesian
이란 명칭을 사용하였다.

는 자료가 각인되어 있다. 이는 고대 영어의 역사를 밝혀주는 캐드먼의 찬미가나 베어울프보다 1세기나 앞선 것이다.

말레이어 사용자들은 예로부터 보르네오 섬 북서부 해안지방, 수마트라 섬의 동부 해안지방, 그리고 말레이 반도 해안지방을 중심으로 해양문화를 발전시키고 확산시켜온 바닷사람(orang laut)들이었다. 말레이어는 고대 동남아시아 해양문화 중심지 각 지역 바닷사람들의 상호 의사소통을 위한 공통어(lingua franca)였다[2]. 단적으로 말하면, 말레이군도의 어촌 바닷사람들의 언어였던 말레이어가 동남아시아 해양문화지대의 링구아프랑카가 되었고, 더 나아가 근대민족국가, 말레이시아와 인도네시아의 국어로 각각 채택된 것이다.

이와 관련하여 이 글에서는 말레이시아와 인도네시아, 두 나라가 말레이어를 국어로 채택하게 된 배경과 두 나라 언어정책기관의 설립과정 및 특징에 관해 알아보기로 한다.

2. 링구아프랑카에서 국어가 되기까지

2.1. 인도네시아 공화국의 국어, Bahasa Indonesia(인도네시아어)

말레이군도에는 지형학적(topographical) 특성 때문에 말레이어를 포함하여 수많은 언어들이 분포되어 있다. 이 언어들은 같은 어족에 속하지만 상호 의사소통이 불가능하다. 이 언어들을 인도네시아에서는

---

2) 설명의 편의를 위해 말레이 반도와 인도네시아 군도를 통틀어 말레이군도 (Malay archipelago)라 부른다.

지방어(bahasa daerah)로 간주한다. 현재 인도네시아 각지에 흩어져 있는 언어들의 수는 말레이어를 포함하여 대략 700여종이 넘으며, 아래와 같은 지역별 분포를 보인다.3)

[표 1]

지역별 언어의 수		2005년 지역별 인구수4)
수마트라	52	45,201,345
자바와 발리	19	131,403,781
보르네오	82	12,068,130
술라웨시	114	15,749,821
누사틍가라	68	8,412,877
말루쿠	128	2,131,079
파푸아	263	2,439,838

이와 같은 다언어사회 속에서 지방어 사용자들 간에 상호 지속적인 의사소통을 위해 무엇보다 필요했던 것은 공통어였다. 말레이 해양문화의 상대적인 우월성은 말레이군도에 말레이어가 공통어로 자리 잡을 수 있는 중요한 요인이 되었다. 그렇지만 말레이 문화가 타지방 문화에 비해 절대적으로 월등했던 것은 아니었다. 자바(Java)섬을 중심으로 서기 13-15세기 동안에 전성기를 누렸던 마자파힛(Majapahit)왕국이 발전시킨 자바 문화는 말레이 문화를 훨씬 능가하는 것이었다. 뿐만 아니라 말레이어 토박이들보다 자바어 토박이들의 수가 훨씬 더 많았다. 현재까지도 인도네시아 전체 인구 2억 4천만(2009년 7월 추정치)5) 가운데 말레이어 토박이들은 10%에 지나지 않는 반면, 자바어

---

3) SIL International Indonesian Branch (2001: 1-59)의 내용을 요약.
4) 인구수는 http://www.datastatistik-indonesia.com/content/view/919/934/ 참조.
5) https://www.cia.gov/library/publications/the-world-factbook/geos/id.html

토박이들은 인도네시아 전체 인구의 40%가 넘는다. 이러한 언어적·
문화적 상황 속에서 말레이어가 근대민족국가 형성과정에서 인도네시
아의 국어로 채택된 데는 역사적 사건이 큰 영향을 끼쳤다. 1945년 인
도네시아가 식민지배로부터 독립하기 훨씬 이전 다언어·다인종·다
문화 사회의 문제점을 인식한 인도네시아의 젊은 지성들은 언어·민
족·국가통합을 위한 회합을 갖고 민족통합을 위한 결의를 천명하였
다. 1928년 10월 28일 청년의 맹세6)가 그것인데, 내용은 다음과 같다.

> 우리, 인도네시아 젊은이들은, 하나의 민족, 인도네시아인임을 맹세한다.
> 우리, 인도네시아 젊은이들은, 하나의 조국, 인도네시아를 지님을 맹세
> 한다.
> 우리, 인도네시아 젊은이들은, 하나의 언어, 인도네시아어를 지님을 맹
> 세한다.

위와 같은 민족주의자들의 결의는 인도네시아의 다양한 말레이어
변종들을 하나의 언어로 묶는 중요한 계기가 되었다. 그리고 그들이
맹세한 하나의 언어는 인도네시아인을 하나의 민족으로 묶는 계기가
되었다. 이처럼 하나의 민족, 하나의 국가, 하나의 언어로 그 정체성이
통일된 것은 말레이 세계가 17세기 이슬람과 상업 교류를 통해 통합
된 이후 또 한 차례의 역사적 사건이었다.

이와 같이 인도네시아의 국어 선택에는 민족통합을 염원하는 젊은
지성들의 정치적인 각성과 결단이 크게 작용하였다고 볼 수 있다. 젊

---

6) Kami, putra-putri Indonesia, mengaku berbangsa satu, bangsa Indonesia.
Kami, putra-putri Indonesia, mengaku bertanah tumpah darah satu, tanah
Indonesia.
Kami, putra-putri Indonesia, mengaku berbahasa satu, bahasa Indonesia.

은이들의 이러한 민족정신은 1945년 독립 후 인도네시아가 하나의 언어를 중심으로 하나의 민족국가를 형성할 수 있는 기틀이 되었다. 그리고 그 정신은 인도네시아 헌법에 국가 언어(bahasa negara, 국어)를 규정7)하는 기조가 되었다.

2.2. 말레이시아 연방의 국어, Bahasa Malaysia(말레이시아어)

말레이시아는 다양한 인종과 문화로 구성된 복합사회이다. 말레이시아의 전체 인구는 2천 5백만 여명(2009년 7월 추정치)8)으로 그중 말레이인은 50.4%, 중국인은 23.7%, 원주민은 11%, 인도인은 7.1%, 그리고 기타는 7.8%를 차지하고 있다. 그리고 인구의 60.4%는 이슬람교를 믿는 반면, 19.2%는 불교를, 9.1%는 기독교를, 6.3%는 힌두교를, 그리고 2.6%는 유교, 도교 및 기타 전통 신앙을 신봉하고 있다. 이와 같은 "영국 식민지배의 유산"9)인 말레이시아의 복합 사회는 독립 이후 민족국가 형성을 위한 국어 선택과 교육제도 확립에 큰 걸림돌이 되었다10). 따라서 말레이시아의 전 수상 마하티르는 이와 관련하여 말레이시아의 다문화적 사회구조의 형성 배경과 교육제도와 관련한 그의 언어관을 다음과 같이 피력하였다.

---

7) 인도네시아 헌법 제35조에는 '인도네시아 공화국의 국가 언어는 인도네시아 어이다'라고 명시되어 있다.

8) https://www.cia.gov/library/publications/the-world-factbook/geos/my.html

9) Rozita, (2007:158).

10) 말레이시아의 언어정책은 교육과 따로 떼어 논할 수가 없다(Gill, S.K. 2005: 247).

어떤 나라든 교육정책의 주요한 기능은 그 나라의 미래시민들이 국가에 대한 자부심과 충성심으로 하나가 되도록 지식을 나누고 고양시키는데 있다. 예를 들면 다른 나라에서 미국이나 호주에 이민을 온 사람들이 관련국의 시민이 되기 위해서는 당연히 관련국의 전통문화를 승계하고 그곳 국민들과 하나가 되어야 한다. 그래서 독일계 미국인이면 그에게 중요한 것은 과거의 찬란한 독일제국의 역사가 아니라 영국으로부터 독립을 선포한 미국의 1776년 정신인 것이다........국민들의 통합을 위해 지극히 중요한 것은 언어이다. 특히 교육 기관에서 사용하는 언어는 결정적이다. 뿐만 아니라 교과과정 또한 국가 교육에 있어서 매우 중요하다. 역사, 지리, 그리고 문학 등의 교육을 통해 학습자들이 다른 나라, 다른 문화와는 구별되는 자신의 나라와 민족에 관해 학습할 수 있는 교과과정이 수립되어야 한다. 그런데 이러한 기본적인 원칙이 독립 이전뿐만 아니라 이후에도 말레이시아에서는 완전히 무시되어 왔다. 이것은 영국의 책임이다. 그들이 독립이전 말레이시아에서 행한 정책은 비국가적이었다. 그들은 거의 모든 종류의 학교를 인가했고 모든 언어들이 교실에서 매개어가 되도록 하였으며 갖가지 교과과정 개설을 묵인하였다. 민족국가 체제를 위해 정상적인 것은 아무 것도 없었다[11].

말레이시아에 이주하여 정착한 이주민들이 자신들의 고유어(중국인들은 중국어, 인도인들은 타밀어)를 "교육의 매개어" Pupil's Own Language(POL)[12]로 사용하고 자신들의 고유 전통 문화 및 종교를 더욱 중시하게 되면서, '말레이시아의 국어는 말레이어이다'라고 규정한 말레이시아 헌법 제152조의 취지가 무색할 만큼 각 지역마다 중국어,

---

11) 상기 내용은 1969년 5월 13일 말레이시아 내에서 일어난 엄청난 인종 간 유혈 사태 직후 출간된 마하티르(1970)의 저서 Malay Dilemma의 일부분(pp.142 -144)이다. 이 책은 출간되자마자 금서가 되었으며 말레이시아 안팎으로 큰 반향을 일으켰다.

12) Asmah, (1992:40).

타밀어를 교육을 위한 매개어로 삼는 학교들이 난립하게 되었다. 이러한 상황을 해결하기 위해 말레이시아 정부는 모든 학교에서 국어인 말레이어를 교수어로 사용하도록 하는 정책 수립을 시도하였다. 하지만 이런 움직임은 중국인과 인도인들의 거센 반대에 부딪혔다. 특히 중국인의 경우 반발이 더 심했다. 그들의 모어와 문화적 특성이 사라지는 것을 두려워했기 때문이다. 이러한 상황에서 국어의 선택은 신중할 수밖에 없었고, "중국인의 경제 권력과 말레이인의 정치권력 사이에서 타협(negotiation)이 작용"13)할 수밖에 없었다.

마침내 헌법 제152조 1항14)에 근거하여 1963년에 제정되고 1967년에 개정된 언어법(National Language Act)에 의해 말레이어는 말레이시아의 국어이면서 동시에 의회와 법정의 공식어(official language)가 되었다. 그러나 비말레이계의 반감은 잦아들지 않았다. 1969년 5월 10일 제3차 총선거 기간 동안에는 언어 사용 문제로 인종간의 충돌이 빚어졌고, 선거에서 말레이계가 크게 패하자, 악성 유언비어가 난무하면서 5월 13일에는 마침내 말레이계와 비말레이계 간에 엄청난 유혈 폭동 사태가 일어났다. 이 비극적인 유혈사태는 말레이어라는 국어 명칭을 바꾸는 계기가 되었다. 말레이시아 정부는 말레이인들의 전유물로 비춰지는 말레이어라는 국어명칭을 말레이시아어(Bahasa Malaysia)로 개칭하여 비말레이인들과의 화합과 통합을 시도하였다. 이렇게 해서 말레이시아의 국어 명칭, Bahasa Malaysia(말레이시아어)는 인도네시아 공화국의 국어 명칭, Bahasa Indonesia(인도네시아어)와 다른 명칭이 되었다.

---

13) Rozita, (2007:164).
14) The national language shall be the Malay language.

3. 말레이시아어와 인도네시아어: 독립과 통일

3.1. 서구 식민지의 유산: 언어와 문자

동남아에 대한 서구식민세력의 영향력은 1824년 영화(英和)조약으로 구체화되었다. 이 조약을 통해 화란은 말라카(결국 말레이 반도 전역에 대한 권한 포기)를 영국에게 넘겨주는 한편 영국은 벙쿨른(결과적으로 수마트라와 자바지역에 대한 권한 포기)을 화란에게 넘겨주는데 합의했다. 이로써 말레이어 사용지역은 식민 세력들에 의해 정치적으로 분단되기 시작하였다. 이 사건은 말레이어 역사상 처음 있는 일이었다. 이처럼 말레이시아어와 인도네시아어의 분단은 다분히 정치적이고 인위적인 것이었다.

영국의 지배하에 들어온 말레이 반도와 보르네오 북부 지역에서 사용되고 있던 말레이어는 영어의 영향을 받게 되었고, 화란의 지배를 받게 된 군도 여러 지방에서 사용되는 말레이어는 화란어의 영향을 받게 되었다. 양국(영국과 화란) 식민 정부는 식민 통치기반의 저변 확대를 위해 갖가지 말레이어 텍스트를 출판하여 보급하였다. 이 출판물들은 모두 로마자로 인쇄된 것이었다. 이러한 노력은 말레이어의 보급과 확산에는 크게 이바지하였으나 다른 한편으로는 양국 식민지의 말레이어가 문법, 사전, 정서법 등에서 크게 이질화되는 결과를 초래했다.

한편, 말레이어로 된 출판물이 널리 보급되고 있었지만 식민 세력의 언어(영어와 화란어)는 여전히 식민 정부의 중요한 도구였다. 따라서 공공언어로서 말레이어의 경쟁력은 영어와 화란어에 비해 여전히 열세에 있었다. 식민 정부의 정책을 결정하고 실행하는 실제 권력의 심장부는 영어와 화란어 사용자들이 각각 차지하고 있었다. 다시 말해, 화란이 지배하는 동남아 지역은 화란어, 영국이 지배하고 있는 지역은 영어 사용자들이 모든 행정의 중심에 있었던 것이다.

시간이 경과함에 따라 식민정부의 통치 성향도 달라지기 시작했다. 화란은 인도네시아 주민들로부터 경제적 착취에 골몰한 것과 달리, 영국은 아시아인들에 대한 서구화 노선을 강요 없이 견지해 나갔다.

이와 같은 식민정부의 정책성향의 차이는 양측 민족 지도자들의 국어 선택에 대한 태도에 영향을 끼쳤다. 따라서 1945년 독립 이후 화란어가 인도네시아 내에서 자취를 감추게 된 반면에 말레이시아에서는 1957년 독립이후에도 10년 이상이나 영어는 여전히 말레이어와 함께 공식어(official language)로 남아 있었다. 물론 이런 상황은 영어와 화란어의 전후 국제적인 지위 및 영향력의 차이에서도 기인한 측면이 있었다. 왜냐하면 화란어와는 달리 영어는 전후 국제무대에서 필수적인 의사소통의 수단이었고 말레이시아가 정치, 경제, 사회 등 각 분야의 발전을 꾀하는데도 영어는 유용한 수단으로 여겨졌기 때문이다. 식민정부는 자신들의 철자법(로마철자법)과 더불어 자신들의 언어까지 식민지에 심어버렸던 것이다.

3.2. 양국 철자법의 통일

1972년 말레이시아와 인도네시아 양국의 철자법이 통일되기 이전까지 말레이시아와 인도네시아 양국 문자언어의 가장 두드러진 차이점은 철자법에 있었다. 애당초 양국의 공동철자법에 대한 관심은 인도네시아 측보다는 말레이시아측이 더 높았다. 그 이유는 인도네시아의 독립정부의 발빠른 국어정책 때문이었다.

1947년 당시 인도네시아 독립정부는 문교부 장관이었던 수완디 (Soewandi)의 주도하에 신철자법15)을 제정하여 교육기관을 통해 문자 언어의 표준화를 진행하고 있었다. 하지만 말레이시아는 1955년에야 비로소 독립을 위한 정치적 활동이 본격화되면서 국어정책에 관심을 두기 시작했다. 그 당시 말레이시아에서 사용되고 있던 철자법만 해도 영국인 윌킨슨(Wilkinson)이 만든 윌킨슨 철자법, 말레이인 언어학자 자바(Za'ba)가 만든 자바철자법, 일본 식민정부(1942-1945)가 만든 Fajar Asia(아시아의 새벽)철자법, 그리고 이 철자법들이 혼합된 혼합철자법 등 4가지 이상이었다. 이 중에서 이른바 학교철자법이라고 일컬어진 자바철자법이 말레이시아 철자법의 근간을 이루고 있었다.

인도네시아의 수완디철자법(공화국철자법)은 1901년 화란인 오퓌센 (van Ophuysen)이 만든 철자법을 바탕으로 한 것인데 반해 자바철자법 은 1904년 영국인 윌킨슨이 만든 철자법에 바탕을 둔 것이었다. 이처 럼 초창기 말레이시아와 인도네시아의 철자법은 상이했다.

음소	윌킨슨	오퓌센	공동철자법	
u	u	oe	u	
	c	ch	tj	c
	j	j	dj	j
x	kh	ch	kh	
y	y	j	y	

1972년 양국의 철자법이 통일되기까지 정치적으로 우여곡절이 많

15) 공화국철자법(Ejaan Republik)이라고도 부른다.

았다. 말레이시아와 인도네시아 양국이 공동철자법을 제정하기로 합의한 것은 1959년 Malindo(당시 말라야와 인도네시아의 약어)철자법을 만들기로 합의하면서부터였다, 그러나 말린도철자법은 문서형태로 대중들에게 공개된 적이 없었다. 양국 관계는 1963년 영토분쟁으로 단절되었다가 1966년에 다시 국교가 정상화되었다. 이때부터 공동철자법에 관한 논의도 급속히 진척되어 양국은 1972년 8월 16일 공동철자법의 사용을 공식화하였다. 현재 이 철자법은 인도네시아와 말레이시아에서 각각 완성철자법(Ejaan Yang Disempurnakan)과 공동로마철자법(Ejaan Rumi Bersama)으로 불리고 있다.

4. 양국 언어정책기관의 설립과정 및 특징

서구 식민 세력이 도래하기 이전의 말레이어는 다른 종족들이 사용하는 언어 대신 의사소통의 도구로 사용되는 통용어로서 말레이군도의 중요한 언어였다. 또한 말레이어는 천 년이 넘는 오랜 기간 동안 말라야를 포함한 동남아시아 군도 여러 말레이 왕국들의 궁중어 및 행정어로서의 역할도 수행한 언어이기도 했다[16].

민족국가형성 과정에서 양국의 당면과제 중 으뜸은 국어(말레이어)의 위상을 되찾는 것이었다. 다언어·다문화·다종족 사회라는 공통점을 갖고 있는 양국은 국민적 통합을 위해서 국어의 위상 확보에 주력했다. 그러나 말레이어의 전통성과 자존심 회복을 위한 움직임은 인

---

16) Asmah, (2004, pp.12-17) 참조.

도네시아가 한 발 앞서 갔다. 예를 들어, 1928년 젊은이의 맹세와 1945년 인도네시아 공화국 헌법에 인도네시아어란 이름으로 말레이어를 국가어[17]로 명시한 움직임은 "말레이인들의 민족적 각성에 영향을 끼쳤다".[18]

1945년 독립 쟁취와 동시에 말레이어는 인도네시아에서 유일무이한 민족어요 국가어로 공식 인정을 받았다. 그리고 말레이 반도의 영국 식민지가 말라야 연방으로 독립하게 된 1957년 8월 31일에는 말레이어가 말레이시아의 유일한 민족어로 헌법에 규정되었다. 그 후 1963년 싱가포르, 사바 그리고 사라왁을 포함하게 된 말라야 연방이 말레이시아 연방으로 새로이 독립하게 됨으로써 말레이어는 명실상부한 민족국가의 언어가 되었다. 1965년 싱가포르가 말레이시아 연방에서 떨어져 나간 후에도 말레이어는 싱가포르의 유일한 국어가 되었다. 뿐만 아니라 1984년 브루나이 왕국은 말레이시아 연방으로부터 독립하면서 역시 말레이어를 유일한 공식 국어로 선포하였다.

이와 같이 여러 민족 국가들(인도네시아, 말레이시아, 싱가포르, 브루나이왕국)이 말레이어를 국어로 선포하면서 말레이어는 동남아시아의 주요 언어가 되었다. 이를 뒷받침이라도 하듯 각국은 나름대로의 국어정책 수립을 위한 기관을 설치하였다. 특히 말레이시아와 인도네시아 양국의 언어정책 기관은 동남아시아에서의 말레이어 진흥을 위한 구심점이었다.

---

17) 인도네시아 헌법에는 국가어는 인도네시아어이다(Bahasa Negara adalah Bahasa Indonesia)라고 명시되어 있다.
18) Asmah, (2004, 20).

4.1. 인도네시아의 Pusat Bahasa(언어원)

인도네시아가 민족국가로 독립하는데 성공하기 위해, 인도네시아인들에게는 위대한 민족적 자긍심을 고취시키고, 또한 인도네시아의 유일한 국어이며 동시에 다양한 종족으로 구성된 인도네시아 민족의 통일어인 인도네시아어에 대해서는 새로운 가치를 부여하였다.

인도네시아는 1947년 문교부 산하의 인도네시아 국립 대학교에 언어문화연구소를 설립하여 국어정책의 기초를 마련하였다. 그 다음 해에는 문교부 소속에 언어청을 설치하였고 1952년에는 언어문화연구소와 언어청을 통합하여 인도네시아 국립 대학교 문과대학 내에 언어문화원(Lembaga Bahasa dan Budaya)을 설치하였다. 언어문화원은 1959년에 언어문학원으로 개명되어 문교부 산하의 부처로 옮겨졌다. 1966년에는 문화교육부 산하 언어문학부로 조직 개편되었다가 1969년에는 국어원(Lembaga Bahasa Nasional)으로 다시 조직 개편되었다. 1975년에 언어진흥연구소(Pusat Pembinaan dan Pengembangan Bahasa)로 개명된 후 2000년 대통령령에 의거 현재의 언어원(Pusat Bahasa)으로 개칭되었다.

인도네시아의 언어원은 국어의 연구, 진흥, 개발을 목표로 1) 국어능력시험 문제 개발, 2) 외국인을 위한 인도네시아어 교육진흥사업, 3) 국어 대사전 편찬, 4) 과학, 문학, 언어학, 철학, 의학, 법학 등 특수 용어 사전 편찬, 5) 국어(인도네시아어)와 지방어, 외국어의 사용에 관한 법률제정과 같은 사업을 진행하고 있다..

특히 언어원에서는 국어 보전을 위한 언어법 제정을 추진하였다. 이 언어법은 제정과정에서 국가의 위상과 관련된 국기(國旗), 국장(國章),

그리고 국가(國歌)의 보전을 위한 법률과 통합되어 2009년 법률 제24
호[19]로 법제화되었다. 국어에 관한 조항을 제외한 국기, 국장 그리고
국가에 관한 조항에는 위반 시 형사 고발 및 처벌에 관한 규정도 들어
있다.

국가 언어이며 동시에 공식어인 인도네시아어의 사용에 관한 법률
이 법률 제25조부터 제45조[20]에 걸쳐 규정되어 있다. 예를 들면, 제25
조에는 인도네시아어의 정의를 다음과 같이 법률적으로 규정하고 있다.

제25조
제1항
인도네시아공화국의 1945년 헌법 제36조에 국가의 공식어로 규정된 인도
네시아어(Bahasa Indonesia)는 민족 문명의 발전에 부응하는 통일어로서
1928년 10월 28일 젊은이의 맹세에서 결의된 언어에 바탕을 둔다.
제1항
1항에서 언급한 인도네시아어는 민족의 정체성, 국민적 자랑, 종족 간 통
합을 위한 도구이며 또한 지역과 지방문화 간 의사소통을 위한 도구의 기
능을 지닌다.
제3항
1항에서 언급한 바와 같이 공식어로서의 인도네시아어는 국가의 공식어
이며, 교육의 매개어, 국내 의사소통, 민족문화 발전, 상거래 문서 작성을
위한 공식어이며, 또한 학문, 과학 기술, 예술 그리고 대중매체의 공식어
로서의 기능을 지닌다.

---

19) Undang-Undang Republik Indonesia Nomor 24 Tahun 2009 Tentang Bendera,
Bahasa, Dan Lambang Negara, Serta Lagu Kebangsaan. 이 법률은 2009년 7월
에 국어, 국기, 국장, 국가에 관한 법률로 공표되었다.
20) http://pusatbahasa.depdiknas.go.id/lamanv4/sites/default/files/UU_2009_24.pdf

갖가지 상황에서의 인도네시아어 사용에 관한 내용도 규정하고 있
는데 흥미로운 것은 인도네시아 국가 원수를 비롯한 지도층들의 언어
사용에 관한 규정도 들어 있다는 점이다.

제28조

대통령, 부통령, 그리고 기타 국가 공직자는 국내외 공식 연설에 의무적으
로 인도네시아어를 사용한다.

위에서 예를 든 것 이외에도 대부분의 조항들이 공식어의 사용에
관한 규정이다.21) 이러한 사실은 다언어 · 다문화 · 다종족 사회인 인
도네시아의 복잡한 언어상황을 반증한 것이다. 상기 법률은 다언어 상
황에서 흐트러지기 쉬운 공공언어 규범을 법제화한 것으로 볼 수 있다.

3.2. 말레이시아의 Dewan Bahasa dan Pustaka,(언어문학원)

인도네시아 정부가 1947년에 이미 언어정책기관을 설립하고 국어
의 위상 정립에 노력하고 있는 동안 말레이시아의 말레이어는 영어 때
문에 여전히 불안한 위치에 있었다. 인도네시아의 발 빠른 국어운동에
자극받은 말레이인들은 1952년에야 처음으로 말레이 어문학회를 개최
하였다. 제1차 말레이 어문학회의 특징은 참석자들이 모두 말레이인
들이었고 토론 주제도 말레이인들의 정체성을 확립하기 위한 말레이
어문학에 관한 것이었다. 특히 '말레이 어문학 발전을 위한 기관의 설
립을 제안22)한 것은 국어운동의 초석이라는 점에서 매우 중요한 의미

---

21) 부록 참조.
22) Asmah, (1992:195).

를 지닌다. 학회 참가자들은 '언어는 민족의 혼이다'(Bahasa Jiwa Bangsa)
라는 결의[23]를 통해 민족어로서의 말레이어의 전통성을 되새기었다.
그리고 1954년 제2차 말레이 어문학회와 말라야 독립을 한 해 앞둔
1956년 제3차 말레이 어문학 회의 최종 결정[24]에 따라 말레이 어문학
과 문화를 연구, 계발하고 그 결과물들을 출판해 내는 기관이 설립되
었다. 이 기관의 명칭이 언어문학원(Dewan Bahasa dan Pustaka)이다.
언어문학원은 1957년 헌법에 말레이어가 국어로 채택되는 일을 주도
하였다. 1959년에 제정된 언어문학원 설치령에 따라 언어문학원은 공
식적인 언어정책기관이 되었다.

　언어문학원은 2020년까지 말레이어를 세계의 주요 언어 중 하나로
만들겠다는 계획을 세워 놓고 있다. 이 계획은 아래와 같은 "언어문학
원의 목표, 철학, 임무"[25]에 바탕을 둔 것이다.

　첫째, 언어문학원의 목표는 (1) 과학과 기술을 포함한 모든 학문 분
야에 적합한 말레이어의 계발, (2) 말레이 어문학 인재 발굴, (3) 말레
이어와 여타 언어로 된 문학 작품, 잡지, 서적, 팸플릿 등의 인쇄, 출판
및 지원, (4) 말레이어 용어 제정 및 철자와 발음의 표준화, (5) 올바른
말레이어 사용 장려, (6) 현행법에 걸맞게 모든 분야에서 폭넓은 말레
이어 사용 장려 등이다.

　둘째, 철학은 '말레이어를 통한 국가와 민족의 발전'에 있다.

　셋째, 임무는 '현대 문명의 발달에 부응하는 우수한 학문어로서의
말레이어의 진흥'에 있다.

---

23) Asmah, (1992:200).
24) Asmah, (2008, 77).
25) Dewan Bahasa dan Pustaka,(2004)

오늘날 언어문학원은 언어 정책 기관일 뿐만 아니라 말레이 어문학의 연구와 출판의 기능을 수행하는 연구 기관의 성격도 함께 갖춘 정부 기관이다. 상기 내용을 통해 특히 언어문학원의 철학이 '말레이어를 통한 국가와 민족의 발전'에 있다는 것을 확인할 수 있다. 특히 언어문학원은 말레이시아가 다언어·다문화·다종족 사회임을 감안하여 올바른 말레이어 사용과 보급을 위해 비정부기구들을 포함하여 민관협동으로 다음과 같은 여러 가지 사업을 진행하고 있다.

1) 국어(말레이어)사용 주간 지정
2) 산업, 금융, 광고 분야 등의 국어사용에 관한 각종 세미나 개최
3) 언어문학원 직영 라디오 방송(Citra DBP)
4) 라디오, 텔레비전 방송 광고 프로그램의 올바른 국어사용 포상
5) 민간기업과 법인의 올바른 행정언어 사용에 관한 포상
6) 국어연수과정 개설
7) 국어사용에 관한 포럼개최
8) 대중교통수단에 국어사용 캠페인 홍보물 부착

위의 내용 중에서 3)을 보면 올바른 국어의 사용을 위해 언어문학원이 직접 라디오 방송을 운영한다는 것을 알 수 있는데, 이는 말레이시아 공공언어정책이 매우 적극적이라는 것을 보여준다.

급변하는 과학 기술과 정보통신 기술을 선도할 21세기 글로벌 인재를 양성할 목적으로 2002년 당시 말레이시아의 수상이었던 마하티르는 영어 교육의 강화를 위한 정책을 '청천벽력'[26])처럼 발표했다. 2003년부터 말레이시아의 모든 초등학교 수학과 과학 과목을 영어로 교육

---

26) Gill, (2005, p.245) 참조.

한다는 내용이었다. 그가 이런 제안을 한 배경에는 영어구사능력이 요구되는 세계화 시대에 말레이시아인들의 경쟁력에 대한 그의 우려가 내포되어 있었다. 과학 기술과 정보통신 기술 분야의 언어가 대부분 영어이기 때문에 영어의 학습이 중요하다고 생각하는 사람들은 그 결정을 찬성하고 있는 실정이지만, 반대로 공동체 나름대로의 모어로 학습하는 것이 더 효율적이라고 생각하는 측은 그 결정을 반대하고 있다. 이러한 찬반 논의는 지금 이 시각에도 말레이시아 곳곳에서 벌어지고 있다.[27] 이러한 논쟁의 이면에는 말레이어의 전통적 지위 확립에 관한 문제가 내포되어 있다.

5. 마무리

지금까지 말레이어 발달 과정을 중심으로 말레이시아와 인도네시아 양국의 국어 채택의 배경과 언어정책의 특징을 살펴보았다.

서구의 오랜 식민지의 경험은 두 나라의 언어사회까지 변화시켰고 독립된 지 반세기가 넘었지만 아직도 식민주의의 여파를 고스란히 떠안고 있음을 확인할 수 있었다. 이를 극복하기 위해 양국은 언어정책 기관의 기능을 강화하고 공공언어 사용에 관한 규범화와 법제화에 진력하는 것을 확인하였다. 이러한 노력은 양국의 복잡한 언어 상황을

---

27) 2007년 7월 18일부터 19일까지 언어문학원 주최로 공공언어정책에 관한 학술대회가 말레이시아 수도 쿠알라룸푸르에서 개최되었다. 언어문학원에서 개최된 Bahasa Rojak(잡탕말)을 주제로 한 학술대회에는 정치지도자들을 비롯해 일반 대중들의 공공언어 사용에 관한 사례 발표가 있었고 공공언어사용에 관한 법제화도 논의되었다.

감안한다면 지극히 당연한 것이다.

말레이시아와 인도네시아의 국어인 말레이어는 세계 4대 언어이다. 양국의 말레이어 전통에 대한 자긍심은 대단하다. 양국의 언어정책기관에서는 말레이어를 동남아시아(ASEAN)의 공용어로 삼기 위한 협의를 오래 전부터 진행해 왔다. 더 나아가 양국은 최근 말레이어의 국제화를 위한 계획을 진행하고 있다. 태국, 캄보디아, 스리랑카, 호주 그리고 남아프리카에 이르기까지 널리 퍼져있는 말레이어 사용자들에 대한 지원을 통해 말레이어 사용의 국제화에 힘을 쏟고 있다. 다언어 사회일수록 국어의 보전과 진흥에 더욱 민감하다는 것을 알 수 있다.

참고문헌

전태현(2008), 말레이시아의 언어정책: 언어문학원(Dewan Bahasa dan Pustaka, DBP)을 중심으로. 서울행정학회 2008년도 춘계학술대회 발표논문집[下]. 주류 행정학과 행정학의 새로운 영역, 그리고 어울림, 575-585.

_____(2009), 말레이시아의 언어정책. *외국어교육연구 23(1)*. 151-172. 서울: 한국외국어대학교 외국어교육연구소.

한국외국어대학교 외국어교육연구소(2007), 세계의 언어정책기관 조사 사업 최종보고서. 서울: 국립국어원.

Asmah, H. O(1992), The linguistic scenery in Malaysia. Kuala Lumpur: Dewan Bahasa dan Pustaka.

_____(1994), Nationalism and Exoglossia: The Case of English in Malaysia. In Abdullah H. (ed.) Language Planning in Southeast Asia (pp.66-85), Kuala Lumpur: Dewan Bahasa dan Pustaka.

_____(2004), Muafakat Bahasa: Sejarah MBIM/MABBIM sebagai pembina bahasa. Kuala Lumpur: Dewan Bahasa dan Pustaka.

_____(2008), Ensiklopedia Bahasa Melayu. Kuala Lumpur: Dewan Bahasa dan Pustaka.

Abdullah, H. (ed.)(1994), Language Planning in Southeast Asia. Kuala Lumpur: Dewan Bahasa dan Pustaka.

Dewan Bahasa dan Pustaka(2004). Citra, Dewan Bahasa dan Pustaka, Institute of Language and Literature Malaysia. Kuala Lumpur: Dewan Bahasa dan Pustaka.

Gill, S. K(2005), Language Policy in Malaysia: Reversing Direction. Language Policy. 4, 241-260.

Mahathir, M(1970), The Malay Dilemma. Kuala Lumpur: FederalPublications

Nick, S. K(1994), The Controlling Domains of Bahasa Melayu: The Story of Language Planning in Malaysia. In Abdullah, H. (ed.) Language Planning in Southeast Asia. (pp.133-150). Kuala Lumpur: Dewan Bahasa dan Pustaka.

Rozita, I(2007), Multiculturalism and Education. In Culture and Religion. 8: 2, London: Routledge. 155-167. On-line publication date: 01:July 2007. Downloaded on 16 November 2008.

SIL International Indonesian Branch(2001), Languages of Indonesia. Language data excerpted from Ethnologue: Languages of the World. Fourteenth Edition. Grimes, Barbara F. ed(2000), SIL. Jakarta, Indonesia.

Wantjik, Saleh S.H(1978), Tiga Undang-Undang Dasar, UUD RI 1945, Konstitusi RIS, UUD Sementara RI, Jakarta: Ghalia Indonesia.

인터넷 자료

http://pusatbahasa.depdiknas.go.id/lamanv4/sites/default/files/UU_2009_24.pdf
https://www.cia.gov/library/publications/the-world-factbook/geos/my.html
http://www.datastatistik-indonesia.com/content/view/919/934/

https://www.cia.gov/library/publications/the-world-factbook/geos/my.html

http://pusatbahasa.diknas.go.id/laman/index.php?info=berita&action=detail&berit
aid=148

부 록1)

제25조
제1항
인도네시아공화국의 1945년 헌법 제36조에 국가의 공식어로 규정된 인도네시아어(Bahasa Indonesia)는 민족 문명의 발전에 부응하는 통일어로서 1928년 10월 28일 젊은이의 맹세에서 결의된 언어에 바탕을 둔다.

제2항
제1항에서 언급한 인도네시아어는 민족의 정체성, 국민적 자랑, 종족 간 통합을 위한 도구이며 또한 지역과 지방문화 간 의사소통을 위한 도구의 기능을 지닌다.

제3항
제1항에서 언급한 바와 같이 공식어로서의 인도네시아어는 국가의 공식어이며, 교육의 매개어, 국내 의사소통, 민족문화 발전, 상거래 문서 작성을 위한 공식어이며, 또한 학문, 과학 기술, 예술 그리고 대중매체의 공식어로서의 기능을 지닌다.

제26조
각종 규정에는 의무적으로 인도네시아어를 사용한다.

제27조
국가의 공식문서에는 의무적으로 인도네시아어를 사용한다.

제28조
대통령, 부통령, 그리고 기타 국가 공직자는 국내외 공식 연설에 의무적으로 인도네시아어를 사용한다.

---

1) http://pusatbahasa.depdiknas.go.id/lamanv4/sites/default/files/UU_2009_24.pdf 내용 중에서 제25조부터 제45조까지를 우리말로 옮긴 것이다.

제29조
제1항
국가 교육의 매개어로서 의무적으로 인도네시아어를 사용한다.
제2항
외국어 학습자들의 외국어 능력 향상을 위해서는 1항에서 언급한 매개어로서
외국어를 사용할 수 있다.
제3항
인도네시아어 사용에 관한 상기 1항은 외국인을 교육하는 특별한 기관 또는
외국교육기관에게는 해당되지 않는다.

제30조
국가 기관의 공공행정 봉사업무에는 의무적으로 인도네시아어를 사용한다.

제31조
제1항
국가 기관, 정부 단체, 국민 개개인 및 사설기관이 포함된 협정이나 양해각서
에는 의무적으로 인도네시아어를 사용한다.
제2항
제1항에서 언급한 협정이나 양해각서에 외국측이 포함되는 경우 관련국의 국
어로 작성할 수 있으며, 영어로도 함께 작성할 수도 있다.

제32조
제1항
국내 토론회 또는 국제적인 토론회에는 의무적으로 인도네시아어를 사용한다.
제2항
해외에서 개최되는 국제적인 토론회에 인도네시아어를 사용할 수 있다.

제33조
제1항
정부 및 민간의 직장에서 공식적인 의사소통에는 의무적으로 인도네시아어를

사용한다.
제2항
1항에서 언급한 정부 및 민간의 직장에 속하는 구성원들이 인도네시아어 능력이 부족한 경우 의무적으로 언어능력향상을 위한 연수를 받거나 연수기회를 부여받아야 한다.

제34조
모든 기관 또는 개인이 정부기관에 제출하는 보고서에는 의무적으로 인도네시아어를 사용한다.

제35조
제1항
인도네시아에서 발행되는 학술서의 저술과 출판에는 의무적으로 인도네시아어가 사용된다.
제2항
1항에서 언급한 저술과 출판에 특별한 연구 목적이 있는 경우 지방어나 외국어를 사용할 수 있다.

제36조
제1항
인도네시아의 지명은 의무적으로 인도네시아어를 사용한다.
제2항
1항에서 언급한 지명은 단지 하나의 공식 명칭만을 지닌다.
제3항
건물, 도로, 아파트 또는 거주지, 사무실, 상업단지, 상표, 사업기관, 교육기관, 인도네시아 국민이나 인도네시아 법인이 설립하거나 소유한 기구 등의 명칭에는 의무적으로 인도네시아어를 사용한다.
제4항
1항과 3항에서 언급한 명명법에 역사적, 문화적, 전통적, 종교적으로 가치가 있는 경우에는 지방어나 외국어를 사용할 수 있다.

제37조
제1항
인도네시아 국내에서 유통되는 국산 또는 외국산 상품이나 용역의 정보에는 의무적으로 인도네시아어를 사용한다.
제2항
1항에서 언급한 정보는 필요에 따라 지방어 또는 외국어로 보완될 수 있다.

제38조
제1항
교통신호, 지도, 공공시설, 현수막, 그리고 기타 공공 서비스 관련 정보 제공 도구들에는 의무적으로 인도네시아어를 사용한다.
제2항
1항에서 언급한 인도네시아어의 사용에 지방어 또는 외국어가 함께 사용될 수 있다.

제39조
제1항
대중매체 정보에는 의무적으로 인도네시아어를 사용한다.
제2항
1항에서 언급한 대중매체에는 특별한 목적이나 특별한 대상을 목표로 하는 경우 지방어 또는 외국어를 사용할 수 있다.

제40조
제26조에서 제39조에 규정된 인도네시아어 사용에 관한 세칙은 대통령령에 따른다.

제41조
제1항
정부는 시대에 부응하는 사회, 민족, 국가의 발전 속에 인도네시아어문학의 지위와 기능을 지속하여 유지시키기 위해 인도네시아어와 문학을 발전시키고,

개발하며 보전할 의무가 있다.

제2항
1항에서 언급한 발전, 개발, 보전은 언어정책기관에서 단계적, 체계적 그리고 계속적으로 수행한다.

제3항
1항에서 언급한 발전, 개발, 보전에 관한 세칙은 정부 규정에 따른다.

제42조

제1항
정부는 시대에 부응하는 사회 속에 지방어문학의 지위와 기능을 지속하여 유지시키고 인도네시아 문화유산의 일부로 계속 유지시키기 위해 지방어문학을 발전시키고, 개발하며 보전할 의무가 있다.

제2항
1항에서 언급한 발전, 개발, 보전은 언어정책기관과의 협조 아래 지방정부가 단계적, 체계적 그리고 계속적으로 수행한다.

제3항
1항에서 언급한 발전, 개발, 보전에 관한 세칙은 정부 규정에 따른다.

제43조

제1항
정부는 점증하는 국제사회의 경쟁을 감안하여 외국어 능력향상을 원하는 인도네시아 국민들을 독려할 수 있다.

제2항
1항에서 언급한 외국어 능력향상을 위한 독려에 관한 세칙은 정부 규정에 따른다.

제44조

제1항
정부는 인도네시아어가 국제어가 되도록 단계적으로, 체계적으로, 그리고 계속적으로 그 기능을 향상시킨다.

제2항
1항에서 언급한 인도네시아어가 국제어가 되도록 그 기능을 향상시킨다는 사항과 관련한 규정은 정부 규정에 따른다.

제45조
제41조 2항, 제42조 2항, 제44조 2항에서 언급한 언어정책기관은 장관의 책임 아래 규정에 의거 설립한다.

편 자 소개

　박창원　이화여자대학교(국어학 전공)

집필자 소개

　문애리　미국 한국어진흥재단 전 이사장, 현 부이사장
　노금송　중국 북경제2외대
　김수현　일본 교토여자대학
　장호종　러시아 노보시비르스크 국립대
　지수용　중국 청도대
　황인수　필리핀 정인한국어재단. PWU
　홍혜련　태국 치앙마이 라차판 대학교
　송영빈　이화여자대학교(일본어 전공)
　이재돈　이화여자대학교(중국어 전공)
　장인봉　이화여자대학교(프랑스어 전공)
　전태현　한국외국어대학교(마인어 전공)

이화다문화총서 교육 2

외국에서의 한국어 교육(Ⅱ)

초판인쇄 2010년 7월 20일
초판발행 2010년 7월 30일

편   자 박창원

발 행 처 도서출판 박문사
발 행 인 윤석현
책임편집 조성희
등록번호 제2009-11호

우편주소 (132-702) 서울시 도봉구 창동 624-1 현대홈시티 102-1206
대표전화 (02) 992 / 3253
전   송 (02) 991 / 1285
전자우편 bakmunsa@hanmail.net

ISBN 978-89-94024-42-4 94710   **정가** 15,000원